GRANDS ÉCRIVAINS
CHOISIS PAR L'ACADÉMIE GONCOURT

Texte intégral

Louis Aragon

Les Yeux d'Elsa

Grands Écrivains

ARMA VIRUMQUE CANO

Préface

J'avais, à l'âge où l'on apprend à aimer les poèmes, été singulièrement frappé par ces vers de Rimbaud

Mais des chansons spirituelles
Voltigent partout les groseilles

tels qu'ils figuraient sous le titre *Patience (D'un été...)* dans l'édition Vanier. On veut aujourd'hui (édition critique, Mercure de France) qu'ils se lisent

Voltigent parmi les groseilles

et sans doute qu'il en est ainsi. Mais je ne puis refaire le chemin parcouru et, pour moi, tant que je vivrai, je lirai *Voltigent partout*... avec cet étrange transitif du verbe voltiger, qu'on peut me dire être une faute, et que je persiste à considérer comme une beauté.

L'art des vers est l'alchimie qui transforme en beautés les faiblesses. C'est le secret des plus mystérieuses réussites de la poésie, française au moins. Où la syntaxe est violée, où le mot déçoit le mouvement lyrique, où la phrase de travers se construit, là combien de fois le lecteur frémit. Qui donc disait que la poésie s'arrête où dans les vers apparaît l'inversion? C'était quelqu'un qui réagissait à une mode, à une routine de l'imitation des classiques, non pas quelqu'un qui s'exprimait, touchant l'essence de la poésie, ou il faudrait jeter aux orties presque tout ce qu'il y a d'admirable chez Mme Desbordes-Valmore :

... Ah! sans mélancolie
Reverras-tu des fleurs retourner la saison?

Aussi bien, suivant le jugement courant, que penser de vers comme

... L'ironie embaumée a remplacé la pierre
Où j'allais, d'une tombe indigente héritière,
Relire ma croyance au dernier rendez-vous...

« Une ironie qui remplace une pierre où Madame va relire une croyance à un rendez-vous! » Je vois ici danser le ventre du commentateur ex cathedra, et pourtant ceci est la poésie.

Je me souviens qu'un professeur nous donnait pour

exemple de ce qu'il ne fallait pas écrire cet extraordinaire passage de Rotrou :

Au retour de la chasse, hier, assisté des miens,
Le carnage du cerf se préparant aux chiens,
Tombés sur le discours des intérêts des princes,
Nous en vînmes à l'art de régir les provinces...

et il est vrai qu'il n'y a rien de plus fautif. Ce professeur avait raison : il avait pour tâche de former des bacheliers, et non des poètes. Mais je ne puis quitter Rotrou sans m'arrêter à une autre de ces beautés maudites (c'est un peu plus loin dans la tragédie de *Venceslas*)

Apprenons l'art, mon cœur, d'aimer sans espérance

qui provient toute de cette distorsion de l'expression *l'art d'aimer* par une incidente que mon professeur donnait pour le type de l'invocation ridicule. Allez-y, ne vous gênez pas, déplacez ce cœur à tout point du vers, et vous verrez qu'il n'en reste rien. Et sans lui le lecteur fera toujours un contresens (*l'art d'aimer,* venant d'un coup, rompt la liaison des mots *aimer sans espérance,* qui est l'essentiel ici, car ce n'est pas que d'aimer qu'il s'agit).

L'attrait extraordinaire qu'ont souvent les poètes des siècles pré-classiques a sa source dans la liberté de leurs phrases, dans les incorrections qu'elles contiennent, ce mauvais ton, non des mots mais de leur flexion, qui les ont fait si longtemps écarter du trésor national. L'âge leur permet ce qu'on vous interdit, et rend en eux *poétiques* des tours qui ont paru forcés, qui n'étaient peut-être que maladresse.

Il y a ainsi une poésie du langage qui court comme un ruisseau secret à travers nos poètes ; et qui est aussi pour beaucoup dans le goût qu'on prend des chansons populaires, qui en fait le mirage de ceux qui ont la science du langage. On dit d'elles qu'on aime leur naïveté, croyant expliquer le plaisir qu'on y prend, et sans voir que c'est ce plaisir qui est naïf. Je suis sûr que rien ne pourrait plus profondément réjouir ceux qui se croient tenus à la correction du parler, qu'une petite romance d'il y a deux ou trois cents ans où l'on dirait : *je m'en rappelle...*

Ce sont là les déformations de la langue, comme il y a celles que les peintres ont introduites de Greco à Ingres, et qui ont fait la richesse de la peinture moderne. Il m'étonne que personne n'en ait écrit. J'ai souvenir qu'Apollinaire disait en ce sens quelque chose qui touchait Racine, *Athalie* je crois... [1]. Mais c'était là

1. *Entre le pauvre et vous, vous prendrez Dieu pour juge,*
Vous souvenant, mon fils, que, caché sous ce lin,
Comme eux vous fûtes pauvre, et comme eux orphelin.
(Acte IV, scène III.)

« Exemple de syllepse », dit l'annotateur de l'édition classique Larousse. C'est ainsi qu'une faute de français devient pour les professeurs *une syllepse,* quand les poètes l'appellent une *beauté.*

de ces secrets qu'il confiait furtivement, comme il recommandait en prose de toujours casser les pattes à une période, en lui accrochant la casserole d'une proposition relative à la queue... Recette de sorcier. Il ne semblait pas qu'on pût décemment parler de ces choses.

Aussi bien me reproche-t-on généralement d'avoir flanqué *Le Crève-Cœur* d'un article sur la rime, parce que la pudeur est d'habitude et que le poète qui dit comment il fait passe par là pour se vanter, ou manquer aux usages. Ma foi, c'est possible : j'ai toujours, pour moi, préféré le prestidigitateur qui brûle ses tours sitôt faits en les expliquant au public, à ceux qui tiennent si fort à leurs pauvres inventions qu'ils prétendent les garder pour eux. Les premiers sont plus généreux ou plus riches. Ils ne m'ont pas plus tôt appris à tirer un pigeon de votre nez, qu'ils font courir des éléphants dans la salle. Dirai-je que pour avoir démonté aux yeux de tous la rime enjambée à qui certains ont depuis donné mon nom, je ne me sens ni déshonoré, ni détroussé par moi-même. Un an après *Le Crève-Cœur,* si je publie un nouveau livre de vers, je suis prêt à en montrer la trame, la fabrication, sans plus de honte. L'histoire d'une poésie est celle de sa technique, et qui y contribuerait mieux que le poète lui-même ? Ce sont les miséreux qui n'inventaient pas, et se contentaient de trois ou quatre petits trucs pour légitimer leur façon d'aller de-ci de-là à la ligne, qui nous ont mis dans la tête de ne pas dire pourquoi. Pour moi, je n'écris jamais un poème qui ne soit la suite de réflexions portant sur chaque point de ce poème, et qui ne tienne compte de tous les poèmes que j'ai précédemment écrits, ni de tous les poèmes que j'ai précédemment lus.

Car j'imite. Plusieurs personnes s'en sont scandalisées. La prétention de ne pas imiter ne va pas sans tartuferie, et camoufle mal le mauvais ouvrier. Tout le monde imite. Tout le monde ne le dit pas [1].

1. On ne pourra me reprocher le sonnet que j'ai intitulé *Imité de Camoens,* pour l'aveu que ce titre comporte, encore qu'on y verra comme une faute mes infidélités à l'original (*Que me queris perpetuas saudades ?*), mais du coup si sans prévenir, j'introduis des imitations cachées du même auteur dans *Lancelot,* et qu'on s'en aperçoive, que n'entendrai-je pas ? Il en est ainsi :

Puisque vivre n'a pu me saouler de la vie
Et qu'on n'est pas tué d'une grande douleur

c'est tout simplement

Pois vida me nao farta de viver
Pois ja sei que nao mata grande dor...

Mais on me le pardonnera encore : d'une langue sur l'autre ! Là-dessus quelqu'un s'avisera que le vers

François le roi François n'est pas mort à Pavie

qui vient deux lignes plus loin n'est que La Fontaine :

Midas, le roi Midas, a des oreilles d'âne !

Et alors ça ! J'arguerai peut-être vraiment que La Fontaine avait lu cela quelque part :

Hic tamen infodiam : vidi, vidi ipse, libelle :
Auriculas asini Midas rex habet...

Je disais donc, ou c'était ce que je voulais dire, qu'il n'y a poésie qu'autant qu'il y a méditation sur le langage, et à chaque pas réinvention de ce langage. Ce

---

Mais il vous aura échappé un peu plus haut que le vers

Je suis ce chevalier qu'on dit de la charrette

vient tout droit de Florian :

Connaissez-vous ce quai qu'on dit de la Ferraille...

Donc ceux qui croiront reconnaître ici ou là une petite ressemblance entre mes vers et ceux d'autrui n'ont pas à se réjouir d'une si belle découverte : j'écris comme ça, et comme ça écrivait Apollinaire qui avait un petit carnet où il notait, lisant Lamartine par exemple, les vers à imiter. C'est une vieille façon de faire, et j'aimerais qu'on se rappelât le destin de cette épigramme latine, d'auteur inconnu, publiée à Venise en 1554, qui a donné naissance au troisième sonnet des *Antiquités de Rome* de Du Bellay, en 1558 :

Nouveau venu, qui cherches Rome en Rome
Et rien de Rome en Rome n'aperçois... etc.

qui en est proprement la traduction, sans que Du Bellay mentionnât l'original. On la retrouve en Espagne, au début du dix-septième siècle, sans plus de référence, dans Quevedo (*A Roma sepultada en sus ruinas, Clio 3*) :

Buscas en Roma a Roma, oh peregrino!
Y en Roma misma a Roma no la hallas...

Pas un mot de changé! en 1820, toujours sans référence, elle reviendra dans les *Etudes poétiques* de Chênedollé :

Ton regard vainement cherche Rome dans Rome
Tu ne vois que son ombre et d'un destin si beau...

où pour la première fois en près de trois cents ans au lieu de donner quatorze vers, elle sera condensée en douze. (On me la signale encore chez Grévin, mais je n'en ai pas le texte sous la main.)

qui implique de briser les cadres fixes du langage, les règles de la grammaire, les lois du discours. C'est bien ce qui a mené les poètes si loin dans le chemin de la liberté, et c'est cette liberté qui me fait m'avancer dans la voie de la rigueur, cette liberté véritable. Il fallait ce long chemin, parfaitement légitime à tous ses moments, du vers classique désarticulé par Hugo au vers libre des symbolistes, après l'impair verlainien et les exercices connus

> *Et j'ai rimé cette ode en rimes féminines*
> *Pour que l'impression en restât plus poignante,* etc.

il fallait au-delà de l'affreux peigne à dents cassées du vers libre, les mille et un arts poétiques d'un demi-siècle, des *Illuminations* aux surréalistes ; et quand je vois aujourd'hui, par suite d'une ridicule métaphore politique, des gens condamner telle ou telle expérience passée, et affirmer que notre génie ne veut que du vers régulier, je me permets de sourire et de dire : Touche pas, Bébé ! à ces ignorantins qui croient qu'on joue du piano avec les pédales. Il fallait ce long chemin pour qu'on reprît en connaissance de cause la longue histoire du vers français, non pas comme une leçon qui se répète, bien apprise, non pas comme une science nécessaire à quelque baccalauréat, mais comme le sanglot organique et profond de la France, comme ce parler de toute la terre et de toute l'histoire, dont chaque poète français est l'héritier, l'interprète trop souvent ignorant de ce qu'il fait. La conscience de ce chant qui lui monte, je regrette qu'il soit encore d'une stupide mode de vouloir l'étouffer. Je considère comme de mon devoir d'homme de battre en brèche cette mode. Je sais qu'ignorer fait bien dans le tableau. Je sais que les mots science et raison, dont les abus certains n'excusent rien, sont à l'heure qu'il est par beaucoup jetés à la poubelle. Je tiens à l'honneur d'aller avec ces mots dans ces poubelles-là. Si chacun en faisait autant dans le domaine où il est maître, pas mal de choses iraient mieux qu'elles ne vont par le monde, et il y aurait moins de charlatans pour prêcher l'excellence de la charlatanerie aux applaudissements des badauds.

Je parlerai donc de mes vers, et de mon métier. Que ceux que cela gêne ferment ce livre, et ne lisent pas mes vers.

★

Si le problème de la rime est tout d'abord celui sur lequel j'ai voulu m'exprimer en 1940, c'est parce que l'histoire du vers français débute où apparaît la rime, c'est que la rime est l'élément caractéristique qui libère notre poésie de l'emprise romaine, et en fait la poésie française. De l'hexamètre, on passe au décasyllabe, à l'alexandrin, à l'octosyllabe, par morcellement; et c'est la rime qui précipite ce morcellement, qui dicte où aller à la ligne. On sait aussi que c'est à l'hémistiche latin la syllabe terminale obligatoirement élidée qui engendre la rime féminine, et l'alternance des rimes provient du morcellement en deux parts de ce fait de l'hexamètre, dont le second fragment, d'abord non rimé, prendra bientôt la rime masculine. Mais de cette origine lointaine, il n'est resté que des habitudes métriques, des règles mécaniquement appliquées. Pour leur redonner sens et vie, si j'ai cherché, m'appuyant sur l'expérience et le double précédent de la poésie populaire et d'Apollinaire particulièrement, à redéfinir les rimes masculines et féminines, ce n'était qu'un premier pas.

Il m'était apparu que non seulement l'art des vers est l'alchimie qui transforme en beautés les faiblesses dans le langage, mais aussi dans la métrique. Presque tous les poètes ont fait des vers admirables en transgressant les règles, parce qu'ils les transgressaient. Les règles ou la mode, cette autre forme des règles.

La fille de Minos et de Pasiphaé

est un vers qui fut fait au rebours de ce qu'on appelait alors un beau vers. Or, il y avait une règle acceptée tacitement de tous qui était d'éviter que la rime se trouvât, par exemple, à la césure et à la dernière syllabe du vers. Pas de rime intérieure. On voulait bien construire les vers sur des assonances répétées, comme les piliers de la phrase poétique, mais la rime devait garder une indépendance farouche de cette charpente intérieure. C'était le drapeau mis sur le toit, le vers fini.

L'origine de ce préjugé venait précisément d'une crainte qui ne se connaît pas que le vers se morcelle où la rime apparaît, que l'alexandrin devienne un couple d'hexasyllabes, par exemple. Pourtant la rime intérieure, déguisée en assonance, les poètes s'y complaisaient parfois (Mallarmé : *Tristement dort une mandore,* qui est même une rime composée, parfaite, à la terminaison masculine ou féminine près, mais eût-il osé jouer ainsi avec l'alexandrin ? Non, non...) Après avoir fait un système de ce qui était considéré jadis comme une faute, le redoublement intérieur de la rime[1], dont il y a des exemples généralement donnés pour du laisser-aller, il me sembla qu'on pouvait aller plus loin dans la même voie ; et bâtissant entièrement le vers sur la répétition triple ou quadruple de la rime,

1. *Aux Saumaises futurs préparer des tortures*

(Boileau.)

Le frère de Junie abandonna la vie

(Racine.)

ou d'un vers sur l'autre :

Il perd le sentiment, amis, le temps nous presse :
Ménageons les moments que ce transport nous laisse

(Racine.)

Ces exemples, et bien d'autres, sont condamnés par P.-M. Quitard *(Traité de versification française)* qui écrit : « *L'oreille est trompée par l'intrusion de ces rimes illicites, qui lui font prendre deux grands vers pour quatre petits, et en rompent ainsi l'harmonie.* »

je m'assurais que le morcellement de ce fait même devenait impossible. C'est alors que l'idée me prit que si dans l'alexandrin, dans la strophe de quatre alexandrins par exemple, à rimes encadrées ou croisées, on faisait jouer un double jeu de rimes placées au bout des alexandrins d'une part, et de huit syllabes en huit syllabes de l'autre, on ferait se chevaucher la strophe alexandrine de quatre vers, et une strophe de six octosyllabes : c'est-à-dire que la même strophe pourrait s'écrire de deux manières différentes, porter en elle deux chants suivant l'humeur du lecteur. On voudra voir en ceci un jeu, mais peut-être m'accordera-t-on que ce jeu touche à l'essence même du vers français, à ce qui a présidé à sa naissance, et renoue les mystères du *clus trover,* de cet art fermé sur lequel je n'ai pas fini de rêver.

Ce jeu porte des règles qu'il faut observer strictement : car suivant qu'on emploie un type ou l'autre d'alternance des rimes pour la strophe alexandrine ou pour la strophe octosyllabique, les rimes qui se trouvent au bout du second alexandrin et du quatrième, qui coïncident toutes les deux avec des terminaisons d'octosyllabes, tombent ou ne tombent pas comme il faut dans le dessin adopté. Toutes les dispositions ne sont pas possibles, et si l'on veut s'en rendre compte, on établira de véritables diagrammes dont, plus qu'ici, ce serait la place dans un traité de versification moderne. Je me bornerai à donner l'exemple de deux strophes de la *Nuit de Mai* ainsi construites :

O revenants bleus de Vimy vingt ans après
Morts à demi Je suis le chemin d'aube hélice
Qui tourne autour de l'obélisque et je me risque
Où vous errez Malendormis Malenterrés

qui se lira aussi bien :

O revenants bleus de Vimy
Vingt ans après morts à demi
Je suis le chemin d'aube hélice
Qui tourne autour de l'obélisque
Et je me risque où vous errez
Malendormis Malenterrés

comme la strophe suivante

Panorama du souvenir Assez souffert
Ah c'est fini Repos Qui de vous cria Non
Au bruit retrouvé du canon Faux Trianon
D'un vrai calvaire à blanches croix et tapis vert

qui donne ainsi :

Panorama du souvenir
Assez souffert Ah c'est fini
Repos Qui de vous cria Non
Au bruit retrouvé du canon
Faux Trianon d'un vrai calvaire
A blanches croix et tapis vert

Ces deux strophes étant comme on le voit bâties de rimes plates dans un système, et de rimes encadrées dans l'autre.

Si l'on regarde avec attention *La Nuit de Mai,* on verra qu'avant d'introduire ce double système de rimes, dans les cinq strophes précédentes, j'ai multiplié les rimes intérieures, en les plaçant soit dans un même vers, à des endroits divers, à l'hémistiche ou ailleurs, ou d'un vers sur l'autre. Au-delà des deux strophes considérées, le système est abandonné, mais c'est précisément la complication du jeu précédent qui m'autorise à mes propres yeux à me contenter d'une rime, dont il n'y a pas, je crois, d'autre exemple dans tout ce que j'ai écrit, une rime faible, faite de deux verbes, à terminaison semblable, à la même personne du même temps (*tremblent* et *ressemblent*) : il a fallu tout ce jeu d'introduction pour transformer cette faiblesse en beauté. Le problème de *La Nuit de Mai* tout entière était pour moi de faire passer cette rime, et de légitimer dans les vers correspondants la même rime en rime intérieure *(se ressemblent s'ils tremblent — tremblent et leur ressemblent).*

Ces considérations n'épuisent pas les secrets de *La Nuit de Mai,* et moins encore des autres poèmes de ce livre; elles ont pour but de mettre sur le chemin des problèmes qui pour moi s'y posèrent, et que j'ai résolus à ma façon, qui ne prétend pas être la seule, ni valoir pour autrui. Elles montrent aussi comment le problème de la rime est la clef d'autres problèmes qu'on a tort de vouloir considérer séparément : comme celui de la strophe, je veux dire du type de strophe choisi.

J'ajouterai à ce qui précède que la liberté que me donnent les rimes à l'oreille, la liberté disons de faire rimer *je dis* et *incendie,* a son contrepoids : en effet la rime classique se contentait de ces rimes faibles que je n'introduis jamais qu'après avoir longuement prouvé que ce n'est pas l'effet du hasard ; et de Racine à Rimbaud, tous les poètes font rimer des terminaisons qui n'ont pas la même consonne d'appui (*artifice-justice*), et cela en règle générale, alors que je ne m'y résous le plus souvent qu'avec de véritables précautions oratoires prosodiques. Il est constant dans la prosodie courante que riment des terminaisons comportant une diphtongue qui compte dans un vers pour une syllabe et dans l'autre pour deux [1]. Il est constant que riment des mots de même formation grammaticale [2], etc. Toutes ces licences me sont interdites du fait

1. *Et négligeant pour vous tant d'heureux alli-és,*
Quelle foule d'Etats je mettais à vos pieds...
(Racine : *Mithridate,* Acte IV,
scène IV, vers 1297-98.)

Car si ce roi Teuton n'était pas châti-é.
Tout ce que l'homme appelle espoir, progrès, pitié...
(Hugo : *L'année Terrible,*
Au canon de V. H.)

2. *Ne me regardez point vaincu, persécuté :*
Regardez-moi vainqueur, et partout redouté.
(Racine.)

que je rime *incendie* et *je dis :* car c'est que je trouve cette rime plus satisfaisante que *je dis* et *je maudis*[1]. Si bien que ces rimes nouvelles, autrefois interdites, cessent ici, elles aussi, d'être des faiblesses ; et deviennent *belles* à leur tour.

Je dirai plus : comme la rime a pour mission de fixer la prononciation, elle doit servir à fixer les nuances d'expression que j'invente. Je me bornerai à un exemple : dans le *Cantique à Elsa,* les deux vers

Ce ne sont plus les jours du vivre séparés
. . . .
Et jamais tu ne fus si lointaine à mon gré

Si j'étais astreint aux règles classiques, il me faudrait écrire, pour rimer avec *gré* (singulier), du *vivre séparé,* ce qui est l'orthographe courante. Mais qui n'est pas ce que j'ai voulu dire : on me concédera que le pluriel de *séparés,* impliquant deux personnes, ajoute à l'expression. Si j'avais alors choisi une rime plurielle, la finale de *séparés* passerait pour une cheville ou une erreur, et l'intention en échapperait. La nuance est fixée au contraire par le fait que *gré* demeure au singulier. Ici

1. *Le bien n'est bon qu'autant que l'on peut s'en défaire,*
Sans cela, c'est un mal. Veux-tu le réserver
Pour un âge et des temps où tu n'en peux rien faire ?
(La Fontaine.)

aussi j'ai pu pratiquer la transmutation de la faiblesse « classique » de ma rime en *beauté*, si on me permet ainsi de m'exprimer. (On s'étonnera de cette modestie soudaine, qu'on veuille comprendre que les immodesties précédentes ne proviennent que du désir d'abréger, et que je ne crois aucunement faire *mieux* que mes devanciers, mais suis obligé par leur réussite même, par l'admirable qui est en eux, à faire *autrement*).

On m'a aussi reproché de condamner la rime classique. Ce qui précède, je pense, me lave de cette prétention. Mais si nous prenons *jour* et *amour* pour type de la rime classique, on apercevra, à cette lumière, que ce genre de rime demande pour moi tout un travail préalable qui explique que j'y fasse appel : par contraste notamment à des rimes plus inattendues, plus laborieuses, qui rendent à la banalité jour-amour un caractère d'extraordinaire fraîcheur. Loin de condamner la rime classique, je m'échine à lui refaire une jeunesse. Elle fait à un poème la chute, qui est comme l'accord parfait au bout d'une œuvre musicale, après quoi l'on n'a plus rien à ajouter : tandis qu'allez terminer un poème sur une rime surprenante ! Le lecteur partirait sans aucun souvenir de la pièce, que cette rime qui lui en semblerait l'abusive raison d'être. De même, dans les strophes où une rime revient plusieurs fois, il me plaît que le premier couple rimeur comporte un rapprochement inattendu, et que le retour de la rime au troisième vers qui en est orné, après cet effet recherché, se contente d'une consonance simple qui, avec le premier vers, paraîtrait insuffisante, faible, mais qui, revenant après l'excès du second, est comme un apaisement, une résolution : soit que la consonne d'appui lui manque, et cela devient une agréable négligence, ou qu'un mot semblable à la rime du premier vers reparaisse au troisième. C'est un autre usage de la rime classique, qui n'est si belle que d'être faible : comme une caresse après des coups.

Je signalerai encore la construction sonore de la *Plainte pour le grand descort de France :* ce poème est fait de strophes de cinq vers, quatre alexandrins et un hexasyllabe. Tous les alexandrins ont, outre les rimes encadrées, féminines masculines, quatre par quatre (les strophes alternant), des rimes plates masculines ou féminines à l'inverse, à l'hémistiche. A ces rimes de l'hémistiche, les deux couples successifs par strophes forment entre eux des assonances où varie la voyelle (*chœur-cœur* et *Descort-encore,* ou *émoi-moi* et *Mai-jamais.*) L'hexasyllabe qui suit les quatre alexandrins est donné par simple répétition du premier hémistiche du quatrième alexandrin, et la rime de l'hémistiche passant alors en bout de vers commande la rime des premier et quatrième alexandrins de la strophe suivante :

S'il se pouvait un chœur *de violes voilées*
S'il se pouvait un cœur *que rien n'aurait vieilli*
Pour dire le descort *et l'amour du pays*
S'il se pouvait encore *une nuit étoilée*

S'il se pouvait encore

Une nuit de beau temps *met les ombres d'accord*
Comme l'aveugle tend *les cordes sans connaître*
L'instrument ni le ton *du ciel à la fenêtre*
Ah si tu veux chantons *dans ce triste décor*

Ah si tu veux chantons

On voit dans la trame de ces strophes s'en dessiner d'autres en vers hexasyllabes où l'alternance des rimes (comprises suivant la règle que j'en ai donnée dans *Le Crève-Cœur*) est rétablie en rimes croisées :

S'il se pouvait un chœur
De violes voilées
S'il se pouvait un cœur
Que rien n'aurait vieilli
Pour dire le descort
Et l'amour du pays
S'il se pouvait encore
Une nuit étoilée

avec un jeu particulier écartant les rimes *voilées* et *étoilées,* rimes faibles, mais inattendues par l'écart même qui leur est imposé, et qu'un redoublement

S'il se pouvait encore

enchaînant sur les rimes de la strophe suivante vient effacer, empêchant l'oreille de s'attarder à son étonnement[1].

Il est difficile de ne faire qu'indiquer ce qui différencie essentiellement ces vers du vers classique ou romantique dont ils n'ont que l'apparence extérieure, et de souligner suffisamment ce qui les rapproche de l'art plus ancien du *clus trover*. Déjà ces quelques pages sont rebutantes, je m'en assure, pour la plupart des lecteurs. Elles n'ont d'autre but, pourtant, que de dissiper sur la poésie moderne une illusion, trop partagée de beaucoup de jeunes gens qui ont en eux un feu facilement perdu, et qui présente cette poésie comme facile, pour ses libertés. La liberté est une chose sacrée, j'ai horreur de la licence. Cela est vrai aussi dans la prosodie. Et c'est précisément l'amour de la liberté qui me dicte de la défendre où je puis. Ce que je fais ici, priant tous ceux qui me lisent de ne jamais croire tout le mal qu'on leur dira d'elle, la confondant avec la licence, et la poésie avec la logorrhée.

★

Ce n'est pas le désir de défendre ce que j'écris de reproches que je considère comme injustes qui me guide ici, mais bien plus le souci de situer dans le grand mouvement de la poésie française ces vers que je

1. On pourra rapprocher ce jeu-ci d'une vieille façon de rimer qu'on trouve au temps de Saint-Gelais, et qui s'appelait *la brisée*.

publie, les ayant faits de mon mieux. Je veux aussi marquer combien je suis loin de partager les vues de ceux qui ne veulent de ce grand mouvement considérer que la dernière étape, et qui me reprocheront facilement je ne sais quel retour en arrière, quel retour à une poésie antérieure à... et ici se place le nom, variable avec les goûts, du Malherbe moderne que l'on choisira [1]. J'ai trop profondément, et du meilleur de moi-même, participé du courant de la poésie contemporaine pour accepter que du moment où je ne me borne pas à ses formes passagères, mais cherche à poursuivre avec elle, et riche de tout l'héritage français des siècles, cette expérience du langage divin, on assimile cette quête passionnée à des façons de faire qui réussirent à d'autres, mais qui me sont étrangères. Rien n'est plus loin de l'école romane, en d'autres termes, que ce que j'ai ces dernières années entrepris. Si mon dessein encore échappe, qu'on lise *Pour un chant national* ou cette partie du *Cantique à Elsa* qui porte le sous-titre *Ce que dit Elsa.* Peut-être saura-t-on y voir que mon souci est plus grand que celui qu'on me prête : et que si loin de mon but que je sois, j'ai cherché, dans les conditions dramatiques de la poésie et du monde modernes, à donner corps à cette voix errante, à incarner la poésie française dans l'immense chair française martyrisée.

Je tiens à répéter qu'il n'y a aucunement là de ma part le désir d'éclipser quelque poésie que ce soit, quelque poète que ce soit ; et que j'aime trop mon pays

1. Rimbaud, Viélé-Griffin, Apollinaire ou Tzara.

pour ne pas chérir ses poètes. Je reconnais le bien-fondé de passablement d'aventures poétiques, encore trop mal comprises, et trop souvent décriées. J'atteste qu'elles m'ont été précieuses, et je proteste contre qui voudrait amputer de la plus folle de ses fumées l'histoire de notre poésie : il la tuerait tout entière. Mais c'est du côté même où sans doute ma voix risque le mieux de se perdre qu'on a accoutumé de citer la phrase d'Isidore Ducasse : *la poésie doit être faite par tous.* Phrase admirable, et facilement détournée de son sens. Qu'en ces jours où la France nous unit, ô poètes, la France nous donne donc la mesure de ce *faite par tous,* et que comme la France la poésie véritablement soit faite par tous, des profondeurs des temps à nos jours malheureux. Sachons être la voix qui sort de cet orchestre des fables, et chante.

Ah ! chantons...

C'est aussi ce que *Le Crève-Cœur* fait dire de mes vers par les mieux disposés et les plus intelligents de mes critiques : que cette poésie tient de la chanson, qu'elle est aux confins de la chanson et de la pensée... etc. Et on en donnait pour preuve que l'auteur même emploie le vocabulaire des chansons : il appelle ses poèmes chant, complainte, etc. Il y avait ces temps-ci une grande vogue de la chanson populaire qui se mariait fort bien avec une telle conception de ma poésie. On s'est mis même à chercher en quoi je n'atteignais pas vraiment la chanson, les faiblesses de mes chansons.

Je ne m'en offenserai pas : l'intention était pure. Mais vrai, je n'ai jamais cru écrire des chansons. Si j'ai cherché dans le langage de la poésie populaire, des chansons anciennes, quelques lueurs que la poésie savante ne donne pas, c'était pour en faire un profit tout métaphorique ; et nullement pour recommencer le folklore, qui ne peut se constituer sur ordre ou de propos délibéré. J'adore *Auprès de ma blonde* et *J'ai descendu dans mon jardin,* mais il faut bien le dire de façon colorée : on nous scie les pieds avec le folklore ces temps-ci. Le folklore est devenu une certitude pour un tas de gens, qui se sont jetés là-dedans comme dans les Ballets russes en 1912. La poésie n'a que faire des certitudes ; et si vous donnez au folklore force de loi, je vous préviens que, selon toute probabilité, la poésie, cette rebelle, s'en écartera, et ce sera grand dommage. Mais j'en reste à ce qui me concernait.

Mon Dieu, si le vocabulaire musical suffit à faire la musique, vous m'en verrez fort étonné. On dit chanson, on dit complainte, cela n'est après tout qu'une image, et qui n'est pas neuve. Le mot *chanson* ne signifie pas nécessairement *Marinella* ou *Au clair de la lune.* Il y a la *Chanson de Roland,* par exemple, qu'on ne s'apprête pas à mettre en musique pour les chantiers de jeunesse. Le mot *chant* traduit le latin *carmen,* qui a aussi donné le mot *charme,* qui fait aussi bien image magique qu'image musicale. De tous temps, les poètes ont dit : *Je chante...* et au sens où on veut me le faire dire, ils ne chantaient pas du tout. C'est au sens de Virgile que je dis *je chante* quand je le dis.

Arma virumque cano...

« Je chante les armes et l'homme... » ainsi commence l'Enéide, ainsi devrait commencer toute poésie. J'ai un peu écrit et publié ce livre pour dissiper la confusion pleine de bienveillance qu'on avait entretenue autour du *Crève-Cœur.* « Je chante l'homme et ses armes... » et en ce sens oui, je chante, et je suis prêt à reprendre pour notre temps et mon pays ce programme par quoi débute l'épopée romaine, et je n'ai forgé mon langage pour rien d'autre, de longue date, pour rien d'autre préparé cet instrument chantant... Je chante l'homme et ses armes, et vous qui trouvez que je les chante mal, je vous en prie, chantez-les mieux ! Un grand tournoi est ouvert, où je suis prêt à couronner le vainqueur, car, dans la poésie française, le vainqueur, c'est toujours la France. Je chante l'homme et ses armes, c'en est plus que jamais le moment, et il est bien inutile aujourd'hui de se demander comme, avec mes amis d'alors, je jouais le tour aux autres de le leur demander il y a vingt ans : pourquoi écrivez-vous ? Ma réponse, elle est dans Virgile. Et mon chant ne se peut refuser d'être ; parce qu'il est une arme lui aussi pour l'homme désarmé, parce qu'il est l'homme même, dont la raison d'être est la vie. Je chante parce que l'orage n'est pas assez fort pour couvrir mon chant, et que quoi que demain l'on fasse, on pourra m'ôter cette vie, mais on n'éteindra pas mon chant.

★

« *La Porcia de Shakespeare parle quelque part de cette « musique que tout homme a en soi ». — Malheur, dit-elle, à qui ne l'entend pas ! — Cette musique, la nature aussi l'a en elle...* (Ce livre) *est l'écho... de ce chant qui répond en nous au chant que nous entendons hors de nous...* »

Victor Hugo, il y a un peu plus de cent années, justifiait ainsi le titre des *Voix intérieures*. Je ne crois pas que j'aie à suivre ce haut exemple et à dire pourquoi ce livre-ci porte le nom qu'il porte. Ni à faire comme faisait encore Hugo, dans cette même préface, pour expliquer la dédicace à son père, Joseph-Léopold-Sigisbert, comte Hugo, par quoi il compensait, en tête de ses vers, l'injustice qui n'avait point écrit son nom sur l'Arc de Triomphe de l'Etoile.

Ma place de l'Etoile, à moi, est dans mon cœur, et si vous voulez connaître le nom de l'étoile, mes poèmes suffisamment le livrent. On dira qu'un homme se doit de ne pas exposer son amour sur la place publique. Je répondrai qu'un homme n'a rien de meilleur, de plus pur, et de plus digne d'être perpétué que son amour, qui est cette musique même dont parle Porcia, et que c'est lâcheté et faiblesse de craindre porter son amour au pavois. Je veux qu'un jour vienne où, regardant notre nuit, les gens y voient pourtant briller une flamme, et quelle flamme puis-je aviver sinon celle qui est en moi ? Mon amour, tu es ma seule famille avouée, et je vois par tes yeux le monde, c'est toi qui me rends cet univers sensible et qui donnes sens en moi aux sentiments humains. Tous ceux qui d'un même blasphème nient et l'amour, et ce que j'aime, fussent-ils puissants à écraser la dernière étincelle de ce feu de France, j'élève devant eux ce petit livre de papier, cette misère des mots, ce grimoire perdu ; et qu'importe ce qu'il en adviendra si, à l'heure de la plus grande haine, j'ai un instant montré à ce pays déchiré le visage resplendissant de l'amour.

Nice, Février 1942.

LES YEUX D'ELSA

Tes yeux sont si profonds qu'en me penchant pour [boire
J'ai vu tous les soleils y venir se mirer
S'y jeter à mourir tous les désespérés
Tes yeux sont si profonds que j'y perds la mémoire

A l'ombre des oiseaux c'est l'océan troublé
Puis le beau temps soudain se lève et tes yeux changent
L'été taille la nue au tablier des anges
Le ciel n'est jamais bleu comme il l'est sur les blés

Les vents chassent en vain les chagrins de l'azur
Tes yeux plus clairs que lui lorsqu'une larme y luit
Tes yeux rendent jaloux le ciel d'après la pluie
Le verre n'est jamais si bleu qu'à sa brisure

Mère des Sept douleurs ô lumière mouillée
Sept glaives ont percé le prisme des couleurs
Le jour est plus poignant qui point entre les pleurs
L'iris troué de noir plus bleu d'être endeuillé

Tes yeux dans le malheur ouvrent la double brèche
Par où se reproduit le miracle des Rois
Lorsque le cœur battant ils virent tous les trois
Le manteau de Marie accroché dans la crèche

Une bouche suffit au mois de Mai des mots
Pour toutes les chansons et pour tous les hélas
Trop peu d'un firmament pour des millions d'astres
Il leur fallait tes yeux et leurs secrets gémeaux

L'enfant accaparé par les belles images
Ecarquille les siens moins démesurément
Quand tu fais les grands yeux je ne sais si tu mens
On dirait que l'averse ouvre des fleurs sauvages

Cachent-ils des éclairs dans cette lavande où
Des insectes défont leurs amours violentes
Je suis pris au filet des étoiles filantes
Comme un marin qui meurt en mer en plein mois
[d'août

J'ai retiré ce radium de la pechblende
Et j'ai brûlé mes doigts à ce feu défendu
O paradis cent fois retrouvé reperdu
Tes yeux sont mon Pérou ma Golconde mes Indes

Il advint qu'un beau soir l'univers se brisa
Sur des récifs que les naufrageurs enflammèrent
Moi je voyais briller au-dessus de la mer
Les yeux d'Elsa les yeux d'Elsa les yeux d'Elsa

LES NUITS

LA NUIT DE MAI

Les spectres évitaient la route où j'ai passé
Mais la brume des champs trahissait leur haleine
La nuit se fit légère au-dessus de la plaine
Quand nous eûmes laissé les murs de La Bassée

Un feu de ferme flambe au fond de ce désert
Aux herbes des fossés s'accroupit le silence
Un aéro dit son rosaire et te balance
Une fusée au-dessus d'Ablain Saint-Nazaire

Les spectres égarés brouillent leurs propres traces
Les pas cent fois refaits harassent leur raison
Des panaches de peur montent à l'horizon
Sur les maisons d'Arras en proie aux chars Arras

Interférences des deux guerres je vous vois
Voici la nécropole et voici la colline
Ici la nuit s'ajoute à la nuit orpheline
Aux ombres d'aujourd'hui les ombres d'autrefois

Nous qui rêvions si bien dans l'herbe sans couronnes
La terre un trou la date et le nom sans ci-gît
Va-t-il falloir renaître à vos mythologies
On n'entend plus pourtant grincer les cicerones

O revenants bleus de Vimy vingt ans après
Morts à demi Je suis le chemin d'aube hélice
Qui tourne autour de l'obélisque et je me risque
Où vous errez Malendormis Malenterrés

Panorama du souvenir Assez souffert
Ah c'est fini Repos Qui de vous cria Non
Au bruit retrouvé du canon Faux Trianon
D'un vrai calvaire à blanches croix et tapis vert

Les vivants et les morts se ressemblent s'ils tremblent
Les vivants sont des morts qui dorment dans leurs lits
Cette nuit les vivants sont désensevelis
Et les morts réveillés tremblent et leur ressemblent

A-t-il fait nuit si parfaitement nuit jamais
Où sont partis Musset ta Muse et tes hantises
Il flotte quelque part un parfum de cytises
C'est mil neuf cent quarante et c'est la nuit de Mai

LA NUIT DE DUNKERQUE

La France sous nos pieds comme une étoffe usée
S'est petit à petit à nos pas refusée

Dans la mer où les morts se mêlent aux varechs
Les bateaux renversés font des bonnets d'évêque

Bivouac à cent mille au bord du ciel et l'eau
Prolonge dans le ciel la plage de Malo

Il monte dans le soir où des chevaux pourrissent
Comme un piétinement de bêtes migratrices

Le passage à niveau lève ses bras rayés
Nous retrouvons en nous nos cœurs dépareillés

Cent mille amours battant au cœur des Jean-sans-terre
Vont-ils à tout jamais cent mille fois se taire

O saints Sébastiens que la vie a criblés
Que vous me ressemblez que vous me ressemblez

Sûr que seuls m'entendront ceux qui la faiblesse eurent
De toujours à leur cœur préférer sa blessure

Moi du moins je crierai cet amour que je dis
Dans la nuit on voit mieux les fleurs de l'incendie

Je crierai je crierai dans la ville qui brûle
A faire chavirer des toits les somnambules

Je crierai mon amour comme le matin tôt
Le rémouleur passant chantant Couteaux Couteaux

Je crierai je crierai Mes yeux que j'aime où êtes-
Vous Où es-tu mon alouette ma mouette

Je crierai je crierai plus fort que les obus
Que ceux qui sont blessés et que ceux qui ont bu

Je crierai je crierai Ta lèvre est le verre où
J'ai bu le long amour ainsi que du vin rouge

Le lierre de tes bras à ce monde me lie
Je ne peux pas mourir Celui qui meurt oublie

Je me souviens des yeux de ceux qui s'embarquèrent
Qui pourrait oublier son amour à Dunkerque

Je ne peux pas dormir à cause des fusées
Qui pourrait oublier l'alcool qui l'a grisé

Les soldats ont creusé des trous grandeur nature
Et semblent essayer l'ombre des sépultures

Visages de cailloux Postures de déments
Leur sommeil a toujours l'air d'un pressentiment

Les parfums du printemps le sable les ignore
Voici mourir le Mai dans les dunes du Nord

LA NUIT D'EXIL

Qu'importe à l'exilé que les couleurs soient fausses
On jurerait dit-il que c'est Paris si on
Ne refusait de croire aux apparitions
J'entends le violon préluder dans la fosse

C'est l'Opéra dit-il ce feu follet changeant
J'aurais voulu fixer dans mes yeux mal ouverts
Ces balcons embrasés ces bronzes ce toit vert
Cette émeraude éteinte et ce renard d'argent

Je reconnais dit-il ces danseuses de pierre
Celle qui les conduit brandit un tambourin
Mais qui met à leur front ces reflets sous-marins
Le dormeur-éveillé se frotte les paupières

Des méduses dit-il des lunes des halos
Sous mes doigts fins sans fin déroulent leurs pâleurs
Dans l'Opéra paré d'opales et de pleurs
L'orchestre au grand complet contrefait mes sanglots

J'aurais voulu fixer dans ma folle mémoire
Cette rose dit-il cette mauve inconnue
Ce domino fantôme au bout de l'avenue
Qui changeait pour nous seuls de robe tous les soirs

Ces nuits t'en souvient-il Me souvenir me nuit
Avaient autant d'éclairs que l'œil noir des colombes
Rien ne nous reste plus de ces bijoux de l'ombre
Nous savons maintenant ce que c'est que la nuit

Ceux qui s'aiment d'amour n'ont qu'elle pour adresse
Et tes lèvres tenaient tous les soirs le pari
D'un ciel de cyclamen au-dessus de Paris
O nuits à peine nuits couleur de la tendresse

Le firmament pontait ses diamants pour toi
Je t'ai joué mon cœur sur les chances égales
Soleil tournant des boulevards feux de Bengale
Que d'étoiles à terre et par-dessus les toits

Quand j'y songe aujourd'hui les étoiles trichèrent
Le vent charriait trop de rêves dérivés
Et les pas des rêveurs sonnaient sur les pavés
Des amants s'enlaçaient sous les portes cochères

Nous peuplions à deux l'infini de nos bras
Ta blancheur enflammait la pénombre éternelle
Et je ne voyais pas au fond de tes prunelles
Les yeux d'or des trottoirs qui ne s'éteignaient pas

Passe-t-il toujours des charrettes de légumes
Alors les percherons s'en allaient lentement
Avec dans les choux-fleurs des hommes bleus dormant
Les chevaux de Marly se cabraient dans la brume

Les laitiers y font-ils une aube de fer-blanc
Et pointe Saint-Eustache aux crochets des boutiques
Les bouchers pendent-ils des bêtes fantastiques
Epinglant la cocarde à leurs ventres sanglants

A-t-il à tout jamais décidé de se taire
Quand la douceur d'aimer un soir a disparu
Le phono mécanique au coin de notre rue
Qui pour dix sous français chantait un petit air

Reverrons-nous jamais le paradis lointain
Les Halles l'Opéra la Concorde et le Louvre
Ces nuits t'en souvient-il quand la nuit nous recouvre
La nuit qui vient du cœur et n'a pas de matin

LA NUIT EN PLEIN MIDI

Il règne sur la ville une nuit négatrice
L'Arlequin blanc et noir noir et blanc devenu
N'y voit rien de changé sinon que les actrices
Accrochent au moyen d'épingles à nourrice
L'ombre des rayons X à leur épaule nue
Equation fantôme aux belles inconnues
Ces jours-ci s'est ouvert le Carnaval de Nice
Personne excepté moi ne s'en est souvenu

Une lumière inverse encre la mascarade
Sous les mimosas noirs un feuillage de lait
Donne aux jardins fardés leur éclat de salade
Accrochés au-dessous des étoiles malades
Un châle de lueurs y drape ses chalets
Dans leur panier de fleurs immobile ballet
Football pétrifié descendant vers la rade
Le peuple des maisons prend des airs de palais

Gratte-ciel florentins Kremlins miniatures
Dédale de Delhi Poker d'as à cent dés
Alhambras délirants Villas Architectures
Venise au pied petit Schœnbrunn caricature
Cauchemar mil neuf cent Palaces d'orchidées
Où Pelléas épèle un noir a b c d
Et les cheveux épars rêve de stucatures
En chemise de nuit Mélisande accoudée

Balcons céruléens ornés de figurines
Saxes dépaysés Tanagras et grigris
Le cygne de minuit vient chercher Lohengrin
Et Lancelot-du-Lac qu'une Manon chagrine
Dévisage au tournant une fausse Marie
Bashkirtseff qui causait avec des Walkyries
Bedlam ou Charenton Près de la Fornarine
Desdémone a surpris Othello son mari

Le geste au ralenti que fait le discobole
Lance une lune opaque entre l'époque et nous
Que de farandoliers pour une farandole
La redoute commence où l'intrigue se noue
Où les dominos blancs ressemblent aux burnous
Juan Tenorio que poursuivent les folles
Ote le loup de l'une et reste sans parole
Ce n'est pas pour prier qu'il se jette à genoux

Amour abandonnons aux ténèbres mentales
Leur carnaval imaginaire Il me suffit
Du monde tel qu'il est sur les cartes postales
La gesticulation d'ombres monumentales
Commente le soleil de leur hypertrophie
Des passants à faux-nez l'un l'autre s'y défient
O nuit en plein midi des éclipses totales
Triste comme les rois sur leurs photographies

FÊTES GALANTES

On voit des marquis sur des bicyclettes
On voit des marlous en cheval-jupon
On voit des morveux avec des voilettes
On voit les pompiers brûler les pompons

On voit des mots jetés à la voirie
On voit des mots élevés au pavois
On voit les pieds des enfants de Marie
On voit le dos des diseuses à voix

On voit des voitures à gazogène
On voit aussi des voitures à bras
On voit des lascars que les longs nez gênent
On voit des coïons de dix-huit carats

On voit ici ce que l'on voit ailleurs
On voit des demoiselles dévoyées
On voit des voyous On voit des voyeurs
On voit sous les ponts passer des noyés

On voit chômer les marchands de chaussures
On voit mourir d'ennui les mireurs d'œufs
On voit péricliter les valeurs sûres
Et fuir la vie à la six-quatre-deux

LES FOLIES-GIBOULÉES

Diable de temps qui fait ce qu'il lui plaît
A Nice étant se croit au Châtelet
Et prend la Promenade des Anglais
Pour une chausse-trape
On y rencontre un étrange charroi
Des gens cousus d'or qui tremblent de froid
Et des gens tout nus qui cherchent un roi
Des filles et des frappes

Têtes d'oiseaux qui tournent à tout vent
Prêtes à tout faire Atout cœur Je vends
Jouez sur la noire Entrez au couvent
Si ce n'est au théâtre
Rien ne se dit qui n'ait l'air d'un écho
La mer a pris un vert de haricot
Voilà qu'il repleut sur le Negresco
Plus blême que le plâtre

Diable de temps qui ne sait ce qu'il veut
Mars se mouchait qui se sentait morveux
Pas plus tôt plu que le ciel se fait bleu
    Comme un billet de mille
Cette ombre neuve attachée à tes pas
Qu'en as-tu fait qu'on ne la trouve pas
Tu l'as vraiment vendue un prix trop bas
    Pauvre Peter Schlemihl

Tu cherches partout une ombre d'emprunt
Exilé des murs et du sol commun
Symbole ambulant de quarante-et-un
    Tirant la queue au diable
Diable de temps qui met sa montre au clou
Sa femme ailleurs et n'en est pas jaloux
Et qui prétend qu'il n'a pas peur du loup
    Tant le loup est aimable

Diable de temps Pas de bonheur sans bon
On a des chapeaux comme des bonbons
En fait de bouquets on offre un jambon
    La consigne est d'en rire
Diable de temps ceux qu'on disait amis
Le noir est blanc le défendu permis
    Le meilleur est le pire

LES LARMES SE RESSEMBLENT

Dans le ciel gris des anges de faïence
Dans le ciel gris des sanglots étouffés
Il me souvient de ces jours de Mayence
Dans le Rhin noir pleuraient des filles-fées

On trouvait parfois au fond des ruelles
Un soldat tué d'un coup de couteau
On trouvait parfois cette paix cruelle
Malgré le jeune vin blanc des coteaux

J'ai bu l'alcool transparent des cerises
J'ai bu les serments échangés tout bas
Qu'ils étaient beaux les palais les églises
J'avais vingt ans Je ne comprenais pas

Qu'est-ce que je savais de la défaite
Quand ton pays est amour défendu
Quand il te faut la voix des faux-prophètes
Pour redonner vie à l'espoir perdu

Il me souvient de chansons qui m'émurent
Il me souvient des signes à la craie
Qu'on découvrait au matin sur les murs
Sans en pouvoir déchiffrer les secrets

Qui peut dire où la mémoire commence
Qui peut dire où le temps présent finit
Où le passé rejoindra la romance
Où le malheur n'est qu'un papier jauni

Comme l'enfant surpris parmi ses rêves
Les regards bleus des vaincus sont gênants
Le pas des pelotons à la relève
Faisait frémir le silence rhénan

C

J'ai traversé les ponts de Cé
C'est là que tout a commencé

Un chanson des temps passés
Parle d'un chevalier blessé

D'une rose sur la chaussée
Et d'un corsage délacé

Du château d'un duc insensé
Et des cygnes dans les fossés

De la prairie où vient danser
Une éternelle fiancée

Et j'ai bu comme un lait glacé
Le long lai des gloires faussées

La Loire emporte mes pensées
Avec les voitures versées

Et les armes désamorcées
Et les larmes mal effacées

O ma France ô ma délaissée
J'ai traversé les ponts de Cé

L'ESCALE

Les voyageurs d'Europe entre eux parlaient d'affaires
Les yeux de la vigie adoraient l'horizon
Dans la cale où valsaient d'obscures salaisons
Le rêve des mutins se tordait dans les fers
Oublions qu'ils ont soif puisque nous nous grisons
Sur le pont-promenade on joue un jeu d'enfer
Des marchands de bétail que les vents décoiffèrent
En quatre coups de dés perdaient leur cargaison

Soudain le ciel blanchit et des rochers s'escarpent
Pure comme une nuit découpée aux ciseaux
C'est une île Voyez sa couronne d'oiseaux
Les dauphins alentour sautent comme des carpes
La mer qui vient briser contre elle son biseau
D'écume en soupirant l'entoure d'une écharpe
Avez-vous entendu la tristesse des harpes
Aux doigts musiciens qui caressent les eaux

De quel prédestiné Dame de délivrance
Attends-tu sur la pierre noire la venue
Blanche à qui l'acier bleu cercle les poings menus
Où saignent les rubis d'un bracelet garance
Les marins regardaient cette femme inconnue
Etrangement parée aux couleurs de souffrance
Attachée au récif bordé d'indifférence
Si belle qu'on tremblait de voir qu'elle était nue

Andromède Andromède ô tendre prisonnière
N'est-ce pas toi qui pleures et Méduse qui rit
Le moderne Persée aurait-il entrepris
Sur le cheval volant l'école buissonnière
Aux jours que nous vivons les héros ont péri
Je n'attends plus des Dieux que l'injure dernière
Va dire qu'Andromède est morte à sa manière
Dans ses cheveux dorés en rêvant de Paris

Va dire au monde sourd qu'une seule Andromède
Qu'il croit au cœur des mers à jamais oubliée
Peut esclave mourir à son rocher liée
Méduse aux yeux d'argent tourne autour d'elle mais
De nuit le rossignol fait peur aux sangliers
Car toute tyrannie en soi porte remède
Ah soulevez le ciel millions d'Archimèdes
Qui chantez ma chanson géants humiliés

La mer comme le sable est sujette aux mirages
L'espace efface un pli dans son rideau mouvant
J'avais cru voir une île à l'aisselle du vent
Et celle qui criait la langue des naufrages
N'est que l'illusion qui me reprend souvent
Depuis qu'ayant quitté les terres sans courage
Plus oisif que l'oiseau j'ai choisi pour ouvrage
De guetter le soleil sur le gaillard d'avant

J'escompte vainement les escales du sort
Terre Mais ce n'est pas la terre où tu naquis
Quel calme On se croirait dans un pays conquis
Les passagers vêtus de tweed et de tussor
Trouvent que ce voyage est tout à fait exquis
La mer est une reine Eux ses princes-consorts

Et la vie a passé comme ont fait les Açores
Dit le poète Vladimir Maïakovski

LES PLAINTES

PLAINTE POUR LE QUATRIÈME CENTENAIRE D'UN AMOUR

L'amour survit aux revers de nos armes
Linceul d'amour à minuit se découd
Les diamants naissent au fond des larmes
L'avril encore éclaire l'époque où
S'étend sur nous cette ombre aux pieds d'argile
Jeunesse peut rêver la corde au cou
Elle oublia Charles-Quint pour Virgile
Les temps troublés se ressemblent beaucoup

Abandonnant le casque et la cantine
Ces jeunes gens qui n'ont jamais souri
L'esprit jaloux des paroles latines
Qu'ont-ils appris qu'ils n'auront désappris
Ces deux enfants dans les buissons de France
Ressemblent l'Ange et la Vierge Marie
Il sait par cœur Tite-Live et Térence
Quand elle chante on dirait qu'elle prie

Je l'imagine Elle a des yeux noisette
Je les aurais pour moi bleus préférés
Mais ses cheveux sont roux comme vous êtes
O mes cheveux adorés et dorés
Je vois la Saône et le Rhône s'éprendre
Elle de lui comme eux deux séparés
Il la regarde et le soleil descendre
Elle a seize ans et n'a jamais pleuré

Les bras puissants de ces eaux qui se mêlent
C'est cet amour qu'ils ne connaissent pas
Qu'ils rêvaient tous deux Olivier comme elle
Lui qu'un faux amour à Cahors trompa
Vêtu de noir comme aux temps d'aventure
Les paladins fiancés au trépas
Ceux qui portaient à la table d'Arthur
Le deuil d'aimer sans refermer leurs bras

Quel étrange nom la Belle Cordière
Sa bouche est rouge et son corps enfantin
Je m'en souviens mal C'est un rêve d'hier
Elle était blanche ainsi que le matin
Lyon Lyon n'écoute pas la Saône
Trop de noyés sont assis au festin
Ah que ces eaux sont boueuses et jaunes
Comment pourrais-je y lire mon destin

Je chanterai cet amour de Loyse
Qui fut soldat comme Jeanne à seize ans
Dans ce décor qu'un regard dépayse
Qui défera ses cheveux alezan
Elle avait peur que la nuit fût trop claire
Elle avait peur que le vin fût grisant
Elle avait peur surtout de lui déplaire
Sur la colline où fuyaient des faisans

N'aimes-tu pas le velours des mensonges
Il est des fleurs qu'on appelle pensées
J'en ai cueilli qui poussaient dans mes songes
J'en ai pour toi des couronnes tressé
Ils sont entrés dans la chapelle peinte
Et sacrilège il allait l'embrasser
La foudre éclate et brûle aux yeux la Sainte
Le toit se fend Les murs sont renversés

Ce coup du ciel à jamais les sépare
Rien ne refleurira ces murs noircis
Et dans nos cœurs percés de part en part
Qui sarclera ces fleurs de la merci
Ces fleurs couleur de Saône au cœur de l'homme
Ce sont les fleurs qu'on appelle soucis
Olivier de Magny se rend à Rome
Et Loyse Labé demeure ici

Quatre cents ans les amants attendirent
Comme pêcheurs à prendre le poisson
Quatre cents ans et je reviens leur dire
Rien n'est changé ni nos cœurs ne le sont
C'est toujours l'ombre et toujours la mal'heure
Sur les chemins déserts où nous passons
France et l'Amour les mêmes larmes pleurent
Rien ne finit jamais par des chansons

PLAINTE POUR LA MORT DE MADAME VITTORIA COLONNA MARQUISE DE PESCAIRE

Qu'il m'est doux de dormir le songe de la pierre
Le sommeil est profond qui berce les statues
Quand le siècle est infâme à fermer les paupières
Non-voir et non-sentir deviennent des vertus
Chut Ne m'éveille pas Baisse la voix veux-tu

Qui parle dans la chambre où la mort fait silence
Ce n'est pas le sculpteur immobile et rêvant
N'avais-je assez souffert de la fin de Florence
Madame et fallait-il que je vous voie avant
Michel-Ange avant moi devant le Dieu vivant

Je suis jaloux de Lui comme des fleurs légères
Que tu mêlais parfois à tes cheveux dorés
J'ai pleuré si souvent dans la Rome étrangère
Ecole de l'exil pour l'amour séparé
Le malheur pour lequel je vais demain pleurer

Ma Victoire aux yeux clos que l'éternité farde
Toi que mes bras au grand jamais n'enlaceront
J'ai frôlé ta main froide et pour toujours je garde
Le regret de n'avoir osé toucher ton front
O terrible désir que plus rien n'interrompt

Madame Colonna sur le lit à colonnes
Vous changez de visage à ce jour déchirant
Et la nuit des tombeaux finalement vous donne
Les traits que j'ai donnés chapelle Saint-Laurent
A cette Nuit qui rêve un monde différent

Amour n'auras-tu pas pitié de mon grand âge
Amour assez longtemps ne m'as-tu point haï
Amour dans le cercueil aime-t-on davantage
Rien ne pourra calmer ce pauvre cœur vieilli
Et ni d'avoir perdu Victoire et mon pays

PLAINTE POUR LE GRAND DESCORT DE FRANCE

S'il se pouvait un chœur de violes voilées
S'il se pouvait un cœur que rien n'aurait vieilli
Pour dire le descort et l'amour du pays
S'il se pouvait encore une nuit étoilée
        S'il se pouvait encore

Une nuit de beau temps met les ombres d'accord
Comme l'aveugle tend les cordes sans connaître
L'instrument ni le ton du ciel à la fenêtre
Ah si tu veux chantons dans ce triste décor
        Ah si tu veux chantons

Je reprends le même air Amour ô phlogiston
Que le vieillard Homère avec ses yeux fermés
Disait au monde sourd lui qui n'a pas aimé
Comme il faisait grand jour alors qu'en savait-on
        Comme il faisait grand jour

Les femmes ont perdu l'image de l'amour
Dans leurs yeux défendus par des paupières Parme
Mais dimanche ou jeudi c'est tout un pour les larmes
Dans l'amour que je dis descend l'ombre des tours
        Dans l'amour que je dis

L'ombre des tours qui tourne au cadran d'incendie
Sur le pavé des cours noires de la prison
Inscrit la ronde terne et lente des saisons
Ici le temps lanterne ici la mort mendie
        Ici le temps lanterne

Comparer le bagnard ou le fou qu'on interne
Et le cœur qui saigna dans sa geôle de chair
Sait-il aux prisonniers parler sa langue d'air
Le ciel qui s'est baigné dans l'eau d'une citerne
        Le ciel qui s'est baigné

Est-il assez grand deuil pour que vous reveniez
La mémoire s'effeuille au vent des derniers froids
Comme un épouvantail avec les bras en croix
L'oubli courbe sa paille aux doigts bruns des vanniers
        L'oubli courbe sa paille

Les mois passent L'émoi passe et le cœur déraille
Mais le printemps pour moi murmurera toujours
Les mots d'un autre Mai parmi les mots d'amour
Je n'oublierai jamais pour ses fleurs la muraille
        Je n'oublierai jamais
        Les morts du mois de Mai

CHANSON DE RÉCRÉANCE

Une nouvelle fois ce parfum d'incendie
Une nouvelle fois les caresses de l'air
Une nouvelle fois les filles étourdies
Danseront dans les prés la valse du temps clair
Une nouvelle fois revient la reverdie

Reines du crépuscule ivres comme vous l'êtes
Le soleil à regret vous fuit à reculons
Votre joue a les fards sanglants de sa palette
La nuit tarde à venir avec ses violons
Les longs soirs à nouveau cueillent la violette

Le désir au printemps joue aux dés les idées
On ne peut plus dormir sans rêver des romances
Les jours insomnieux sont pis que possédés
Car le boire d'amour est un vin de démence
Et le colin-maillard s'en va les yeux bandés

Tant qu'il rejaunira des genêts sur la lande
Les fous rajeuniront l'herbe d'anciens mots
Et si ce n'est Tristan qui baise Yseut d'Irlande
Je sens le sang des fleurs dans mes bras animaux
La tendresse d'aimer a l'accent des guirlandes

A chacun sa musique et sa merencolie
L'enchantement d'avril m'entoure et me murmure
Les paroles qui font adorer la folie
Et je sens pénétrer au défaut de l'armure
Inoubliablement l'oubli le bel oubli

Le chiffre des amants au destin s'entrelace
Aux arbres confidents le cœur dit ce qu'il veut
Et les songes enfants écrivent dans la glace
Sur l'ombre d'un baiser le spectre d'un aveu
Ou des cœurs empennés aux fontaines des places

Heureux couples qui vont s'aimer au fil des eaux
Suivre sur leur miroir le vol des éphémères
Surprendre le secret du vent dans les roseaux
Et comme Perceval au jardin de sa mère
Ecouter longuement le latin des oiseaux

RICHARD CŒUR-DE-LION

Si l'univers ressemble à la caserne
A Tours en France où nous sommes reclus
Si l'étranger sillonne nos luzernes
Si le jour aujourd'hui n'en finit plus

Faut-il garder le compte de chaque heure
Haïr moi qui n'avais jamais haï
On n'est plus chez soi même dans son cœur
O mon pays est-ce bien mon pays

Je ne dois pas regarder l'hirondelle
Qui parle au ciel un langage interdit
Ni s'en aller le nuage infidèle
Ce vieux passeur des rêves de jadis

Je ne dois pas dire ce que je pense
Ni murmurer cet air que j'aime tant
Il faut redouter même le silence
Et le soleil comme le mauvais temps

Ils sont la force et nous sommes le nombre
Vous qui souffrez nous nous reconnaissons
On aura beau rendre la nuit plus sombre
Un prisonnier peut faire une chanson

Une chanson pure comme l'eau fraîche
Blanche à la façon du pain d'autrefois
Sachant monter au-dessus de la crèche
Si bien si haut que les bergers la voient

Tous les bergers les marins et les mages
Les charretiers les savants les bouchers
Les jongleurs de mots les faiseurs d'images
Et le troupeau des femmes aux marchés

Les gens du négoce et ceux du trafic
Ceux qui font l'acier ceux qui font le drap
Les grimpeurs de poteaux télégraphiques
Et les mineurs noirs chacun l'entendra

Tous les Français ressemblent à Blondel
Quel que soit le nom dont nous l'appelions
La liberté comme un bruissement d'ailes
Répond au chant de Richard Cœur-de-Lion

POUR UN CHANT NATIONAL

Alain vous que tient en haleine
Neige qu'on voit en plein mois d'août
Neige qui naît je ne sais d'où
Comme aux moutons frise la laine
Et le jet d'eau sur la baleine

Vous me faites penser à ce poète qui s'appelait Bertrand de Born presque comme vous

Alain Borne un pays sans borne
Ressemble à votre poésie
Où des demoiselles choisies
Comme au beau temps de l'unicorne
Attendent un Bertrand de Born

Qui leur chante les raisons de vivre et d'aimer les raisons d'aimer et d'en mourir songez-y

Bertrand mieux que Chéhérazade
Savait faire passer le temps
Qui va la jeunesse insultant
Faut-il que le cœur me brise A
D'autres partir pour la croisade

Quand mon amie aux cheveux d'or est en France et non pas à Tyr et que vive en paix le Sultan

Dans les boucles de mon automne
Si j'ai perdu mon bel été
Qu'importe Les eaux du Léthé
Ont le goût que l'amour leur donne
Et les baisers toujours m'étonnent

Comme les images d'or qui se formant dans la bouche y périssent avant d'avoir été

Mais pourtant lorsque vint la grêle
On entendit chanter Bertrand
Le péril était différent
Ou si c'étaient des sauterelles
France n'est pas une marelle

Où pousser du ciel à l'enfer mon peuple et mon cœur comme des cailloux faits à d'autres torrents

Les raisons d'aimer et de vivre
Varient comme font les saisons
Les mots bleus dont nous nous grisons
Cessent un jour de nous rendre ivres
La flûte se perd dans les cuivres

Ah sourdra-t-il de la bataille une mélodie à la taille immense de nos horizons

Le malheur m'a pris à la Flandre
Et m'étreint jusqu'au Roussillon
A travers le feu nous crions
Notre chanson de salamandre
Mais qui saura ce cri reprendre

Donner voix aux morts aux vivants et plonger ses doigts dans la cendre y débâillonner les grillons

Il faut une langue à la terre
Des lèvres aux murs aux pavés
Parlez parlez vous qui savez
Spécialistes du mystère
Le sang refuse de se taire

Que le long chapelet de France égrène enfin ses terribles pater ses terribles ave

Dans les flots les bêtes marines
Les loups dans le cœur des taillis
Ont au prélude tressailli
O chanteurs enflez vos narines
D'une musique alexandrine

Pas un brin d'herbe un souffle à perdre une minute il faut donner l'ut de poitrine à ton pays

Alain vous que tient en haleine
Neige qu'on voit en plein mois d'août
Neige qui naît je ne sais d'où
Comme aux moutons frise la laine
Et le jet d'eau sur la baleine

Vous me faites penser à ce poète qui s'appelait
Bertrand de Born presque comme vous
Presque
comme
vous

(Il semble que ce poème, dont l'auteur était évidemment contemporain des grandes invasions, ait été écrit en l'an 41, et sans doute, — à s'en référer à son début, — sur la fin d'août si ce n'est aux premiers jours de septembre ; cette opinion est corroborée par la découverte récente qu'on a faite d'un livre du poète Alain Borne qui, sur la couverture, porte le titre *Neige et 20 poèmes* et pour toute mention d'origine *Poésie 41*. Ainsi se trouvent expliquées plusieurs des obscurités du texte qu'on vient de lire.)

CONTRE LA POÉSIE PURE

Fontaine aux oiseaux fontaine profonde
Fontaine froide ainsi que les eaux sans amour
On y vient par les airs des quatre coins du monde
Jouer dans l'eau légère et la lumière blonde
Qui vous font oublier le jour

Fontaine aux oiseaux fontaine démente
Fraîche comme la mort le mensonge et le miel
Le songe de la sauge et le parfum des menthes
Dégriment du soleil dégrisent des tourmentes
Les pèlerins ailés du ciel

Le passereau le merle et la mésange
Le paon le rouge-gorge et le chardonneret
Y donnent un concert que les grands cerfs dérangent
Et que jalousement dans leurs ailes les anges
Surveillent du toit des forêts

On n'y voit jamais rétive
L'aronde toute noire et son gorgerin clair
Andromaque du vent de soi-même captive
Ce doux refus ailé qui se déprend et prive
L'eau de son reflet d'air

D'un Cid oiseau chère et folle Chimène
Crains-tu de l'oublier dans l'eau froide à plaisir
Ce deuil aérien que partout tu promènes
Aronde que j'adore inhumaine inhumaine
Qui n'as pas voulu me choisir

Au disparu pourquoi rester fidèle
J'ai des ailes aussi comme ton paysan
O veuve blanche et noire Au fond des asphodèles
L'aigle fait rossignol chante pour l'hirondelle
Un long minuit de ver-luisant

Je ne crois pas à tes métamorphoses
Je ne veux de plaisir que ceux de mon malheur
C'est trop d'un rameau vert sur l'arbre où je me pose
Je m'enfuirais d'un pré pour une seule rose
C'est une insulte qu'une fleur

Où qu'elle soit je troublerai l'eau pure
Si tu me tends le feu je souffle et je l'éteins
Si tu me tends ton cœur je le jette aux ordures
Ah que le jour me blesse ah que la nuit me dure
Jusqu'aux fantômes du matin

Un seul Hector faisait une Andromaque
Un pauvre Cid Chimène et ce grand bruit du sort
Me comparer à ces forains dans leur baraque
Compte si tu peux les étoiles du lac
Je pleure tout un ciel de morts

Fontaine du rêve où meurt la mémoire
Où tournent les couleurs du beau monde volant
Doux mentir de tes eaux poésie ô miroir
Fable entre les roseaux les oiseaux y vont boire
Excepté l'oiseau noir et blanc

Si l'oiseau blessé la source méprise
Cette aronde est mon cœur et qui la va chassant
Qu'il assure sa fronde et sache qu'il me vise
Pour avoir préférant la vie à la feintise
Préféré le sang à l'encens

PLUS BELLE QUE LES LARMES

à nos frères canadiens
1945

J'empêche en respirant certaines gens de vivre
Je trouble leur sommeil d'on ne sait quel remords
Il paraît qu'en rimant je débouche les cuivres
Et que ça fait un bruit à réveiller les morts

Ah si l'écho des chars dans mes vers vous dérange
S'il grince dans mes cieux d'étranges cris d'essieu
C'est qu'à l'orgue l'orage a détruit la voix d'ange
Et que je me souviens de Dunkerque Messieurs

C'est de très mauvais goût j'en conviens Mais qu'y
[faire
Nous sommes quelques-uns de ce mauvais goût-là
Qui gardons un reflet des flammes de l'enfer
Que le faro du Nord à tout jamais saoula

Quand je parle d'amour mon amour vous irrite
Si j'écris qu'il fait beau vous me criez qu'il pleut
Vous dites que mes prés ont trop de marguerites
Trop d'étoiles ma nuit trop de bleu mon ciel bleu

Comme le carabin scrute le cœur qu'il ouvre
Vous cherchez dans mes mots la paille de l'émoi
N'ai-je pas tout perdu le Pont-Neuf et le Louvre
Et ce n'est pas assez pour vous venger de moi

Vous pouvez condamner un poète au silence
Et faire d'un oiseau du ciel un galérien
Mais pour lui refuser le droit d'aimer la France
Il vous faudrait savoir que vous n'y pouvez rien

La belle que voici va-t'en de porte en porte
Apprendre si c'est moi qui t'avais oubliée
Tes yeux ont les couleurs des gerbes que tu portes
Le printemps d'autrefois fleurit ton tablier

Notre amour fut-il feint notre passion fausse
Reconnaissez ce front ce ciel soudain troublé
Par un regard profond comme parfois la Beauce
Qu'illumine la zizanie au cœur des blés

N'a-t-elle pas ces bras que l'on voit aux statues
Au pays de la pierre où l'on fait le pain blond
Douce perfection par quoi se perpétue
L'ombre de Jean Racine à la Ferté-Milon

Le sourire de Reims à ses lèvres parfaites
Est comme le soleil à la fin d'un beau soir
Pour la damnation des saints et des prophètes
Ses cheveux de Champagne ont l'odeur du pressoir

Ingres de Montauban dessina cette épure
Le creux de son épaule où s'arrête altéré
Le long désir qui fait le trésor d'une eau pure
A travers le tamis des montagnes filtré

O Laure l'aurait-il aimée à ta semblance
Celle pour qui meurtrie aujourd'hui nous saignons
Ce Pétrarque inspiré comme le fer de lance
Par la biche échappée aux chasseurs d'Avignon

Appelez appelez pour calmer les fantômes
Le mirage doré de mille-et-un décors
De Saint-Jean-du-Désert aux caves de Brantôme
Du col de Roncevaux aux pentes du Vercors

Il y a dans le vent qui vient d'Arles des songes
Qui pour en parler haut sont trop près de mon cœur
Quand les marais jaunis d'Aunis et de Saintonge
Sont encore rayés par les chars des vainqueurs

Le grand tournoi des noms de villes et provinces
Jette un défi de fleurs à la comparaison
Qui se perd dans la trace amoureuse des princes
Confond dans leur objet le rêve et sa raison

O chaînes qui barraient le ciel et la Durance
O terre des bergers couleur de ses raisins
Et Manosque si douce à François roi de France
Qu'il écrivit son nom sur les murs sarrazins

Moins douce que tu n'es ma folle ma jalouse
Qui ne sais pas te reconnaître dans mes vers
Arrêtons-nous un peu sur le seuil de Naurouze
Où notre double sort hésite entre deux mers

Non tu veux repartir comme un chant qui s'obstine
Où t'en vas-tu Déjà passé le Mont Ventoux
C'est la Seine qui coule en bas et Lamartine
Rêve à la Madeleine entre des pommiers doux

Femme vin généreux berceuse ou paysage
Je ne sais plus vraiment qui j'aime et qui je peins
Et si ces jambes d'or si ces fruits de corsage
Ne sont pas au couchant la Bretagne et ses pins

Gorgerin de blancheur où ma bouche mendie
Cidre et lait du bonheur Plénitude à dormir
Pour toi se crèveront secrète Normandie
Les soldats en exil aux ruines de Palmyre

Je ne sais plus vraiment où commencent les charmes
Il est des noms de chair comme les Andelys
L'image se renverse et nous montre ses larmes
Taisez-vous taisez-vous Ah Paris mon Paris

Lui qui sait des chansons et qui fait des colères
Qui n'a plus qu'aux lavoirs des drapeaux délavés
Métropole pareille à l'étoile polaire
Paris qui n'est Paris qu'arrachant ses pavés

Paris de nos malheurs Paris du Cours-la-Reine
Paris des Blancs-Manteaux Paris de Février
Du Faubourg Saint-Antoine aux coteaux de Suresnes
Paris plus déchirant qu'un cri de vitrier

Fuyons cette banlieue atroce où tout commence
Une aube encore une aube et peut-être la vie
Mais l'Oise est sans roman la Marne sans romance
Dans le Valois désert il n'est plus de Sylvie

Créneaux de la mémoire ici nous accoudâmes
Nos désirs de vingt ans au ciel en porte-à-faux
Ce n'était pas l'amour mais le Chemin des Dames
Voyageur souviens-toi du Moulin de Laffaux

Tu marches à travers des poussières fameuses
Poursuivant devant toi de pays en pays
Dans la forêt d'Argonne et sur les Hauts-de-Meuse
L'orient d'une gloire immortelle et trahie

Comme un chevreuil blessé que le fuyard fléchisse
L'œil bleu des mares veille au sous-bois fléché d'or
Halte sur le chemin du banni vers la Suisse
Au pays de Courbet qu'aime la mandragore

Je t'ai perdue Alsace où quand le Rhin déborde
Des branches éblouis tombent droit les faisans
Où Werther à Noël pour un instant s'accorde
D'oublier sa douleur avec les paysans

L'orage qui sévit de Dunkerque à Port-Vendres
Couvrira-t-il toutes les voix que nous aimons
Nul ne pourrait chasser la légende et reprendre
La bauge de l'Ardenne aux quatre fils Aymon

Nul ne pourrait de nous chasser ce chant de flûte
Qui s'élève de siècle en siècle à nos gosiers
Les lauriers sont coupés mais il est d'autres luttes
Compagnons de la Marjolaine Et des rosiers

Dans les feuilles j'entends le galop d'une course
Arrête-toi fileuse Est-ce mon cœur trop plein
L'espoir parle à la nuit le langage des sources
Ou si c'est un cheval et si c'est Duguesclin

Qu'importe que je meure avant que se dessine
Le visage sacré s'il doit renaître un jour
Dansons ô mon enfant dansons la capucine
Ma patrie est la faim la misère et l'amour

IMITÉ DE CAMOËNS

Que cherchez-vous de moi perpétuels orages
De quels combats encore allez-vous me berner
Lorsque le temps s'enfuit pour ne plus retourner
Et s'il s'en retournait n'en reviendrait plus l'âge

Les ans accumulés vous disent bon voyage
Eux qui légèrement nous passent sous le nez
A des désirs égaux inégalement nés
Quand le vouloir changeant n'en connaît plus l'usage

Ce que je chérissais jadis a tant changé
Qu'on dirait autre aimer et comme autre douloir
Mon goût d'alors perdu maudit le goût que j'ai

Ah quel espoir trompé d'une inutile gloire
Me laisserait le sort ni ce temps mensonger
Qui guette mon regret comme un château la Loire

LANCELOT

Ce siècle a sur la mort quarante-deux fenêtres
Les nègres se sont tus dans Montmartre obscurci
Le jeune amour n'a plus les sanglots de la scie
Songe des jours naissants vais-je vous méconnaître

Aimant passionnément les dessins animés
Les fados portugais et le film en couleur
La beauté d'aujourd'hui porte de sombres fleurs
Et parle du soleil avec des yeux fermés

On ne sait plus par cœur les paroles latines
On ne sait plus jouer de la muse de blé
La machine du temps monstre mal assemblé
Prend à l'aube d'hiver le genre guillotine

Ah se griser des airs italiens qu'aima
Stendhal Le violon ne peut plus satisfaire
Qui saisit dans ses doigts la musique des sphères
Et rivalise avec l'orgue de cinéma

Perfectionnement des polkas mécaniques
La radio descend du ciel sans escalier
Dans le malheur commun mon malheur singulier
Tourne de ville en ville une aiguille ironique

J'écoute les appels d'un monde qui se noie
Un fou-rire nerveux des pleurs à tour de rôle
J'écoute la grand'messe après le music-hall
Madame Butterfly et le Tango Chinois

Rêve des jeunes gens qui vont au cours de danse
Univers camouflé par les mots des chansons
Va cacher tes sanglots dans les draps des boxons
J'ai soupé des flonflons de cette décadence

Il se fait de nos jours de folles chanteries
On dirait que le ciel est troué de clameurs
Cependant celui-là rime sa male humeur
Celui-ci dit des fleurs l'autre des féeries

Ce jongleur disputant d'iambe et d'anapeste
L'équarrisseur déjà l'emporte à son crochet
Qu'il agite toujours ses fragiles hochets
Et regarde les morts sans comprendre la peste

Roucoule oiseau tandis que le bateau se fend
Le naufrage est acanthe ou peintre ou saxifrage
Pour le musicien saxophone est l'orage
L'an mil a-t-il troublé dans leurs jeux les enfants

Mais quel chant éternel à ces échos modernes
Mêle une plainte amère et marie au destin
Les instruments nouveaux de nos nouveaux instincts
J'ai des secrets pareils à des drapeaux en berne

On peut me harceler que suis-je qu'ai-je été
Je me souviens d'un ciel d'un seul et d'une reine
Et pauvre qu'elle soit je porterai sa traîne
Je n'ai pas d'autre azur que ma fidélité

Je suis ce chevalier qu'on dit de la charrette
Qui si l'amour le mène ignore ce qu'il craint
Et devant tous s'assit parmi les malandrins
Comme choisit mourir Jésus de Nazareth

Ma Dame veut savoir que rien ne m'humilie
Par elle demandé tout s'en métamorphose
Elle exige de moi de si terribles choses
Qu'il faut que mon cœur saigne et que mon genou plie

On me verra trembler mais non pas lui faillir
Toujours placer amour plus haut qu'honneur Certain
Que la nuit n'est pas longue à cause du matin
Et je saurai baisser le front pour obéir

Sortir nu dans la pluie et craindre le beau temps
Si je suis le plus fort le plus faible paraître
Me tenir à côté de l'étrier du traître
Et feindre la folie ainsi que fit Tristan

Soleil du devenir brûlante discipline
J'aime et ne dirai qui d'une amour aveuglée
Et comme Baudelaire aima la sang-mêlée
Riez gens sans amour qu'à rire tout incline

Vous pouvez me frapper en voici la saison
Riez de mon silence et souillez ma figure
Je ne pratique pas le pardon des injures
Lorsque je ne dis rien c'est que j'ai mes raisons

Et pareil à l'oiseau que l'on cloue à la porte
Ce que vous affirmez regardez je le nie
Vous êtes sûrs de vous étant les impunis
Je ne répondrai pas aux gens de votre sorte

Puisque vivre n'a su me saouler de la vie
Et qu'on n'est pas tué d'une grande douleur
Préparez les couteaux Voici le rémouleur
François le roi François n'est pas mort à Pavie

Souffrir n'a pas de fin si ce n'est la souffrance
Qui s'engendre et se meurt comme un phénix navré
Ses feux embraseront ce monde à réméré
La cendre en gardera le parfum de la France

Et les passants du ciel en parleront entre eux
O terre où je naquis couleur de mes blasphèmes
En étrange pays dans mon pays lui-même
Je sais bien ce que c'est qu'un amour malheureux

CANTIQUE À ELSA

CANTIQUE À ELSA

1. *Ouverture*

Je te touche et je vois ton corps et tu respires
Ce ne sont plus les jours du vivre séparés
C'est toi tu vas tu viens et je suis ton empire
    Pour le meilleur et pour le pire
Et jamais tu ne fus si lointaine à mon gré

Ensemble nous trouvons au pays des merveilles
Le plaisir sérieux couleur de l'absolu
Mais lorsque je reviens à nous que je m'éveille
    Si je soupire à ton oreille
Comme des mots d'adieu tu ne les entends plus

Elle dort Longuement je l'écoute se taire
C'est elle dans mes bras présente et cependant
Plus absente d'y être et moi plus solitaire
    D'être plus près de son mystère
Comme un joueur qui lit aux dés le point perdant

Le jour qui semblera l'arracher à l'absence
Me la rend plus touchante et plus belle que lui
De l'ombre elle a gardé les parfums et l'essence
    Elle est comme un songe des sens
Le jour qui la ramène est encore une nuit

Buissons quotidiens à quoi nous nous griffâmes
La vie aura passé comme un air entêtant
Jamais rassasié de ces yeux qui m'affament
    Mon ciel mon désespoir ma femme
Treize ans j'aurai guetté ton silence chantant

Comme le coquillage enregistre la mer
Grisant mon cœur treize ans treize hivers treize étés
J'aurai tremblé treize ans sur le seuil des chimères
    Treize ans d'une peur douce-amère
Et treize ans conjuré des périls inventés

O mon enfant le temps n'est pas à notre taille
Que mille et une nuits sont peu pour des amants
Treize ans c'est comme un jour et c'est un feu de paille
    Qui brûle à nos pieds maille à maille
Le magique tapis de notre isolement

2. *Les belles*

Charriar Charriar que la hache s'arrête
O monde condamné déjà le sol lui faut
Une histoire d'amour Dernière cigarette
Et c'est une chanson secrète
Qui fait au bord du ciel hésiter l'échafaud

Amants écartelés quelle pire aventure
Craindre que cette mort de l'absence essayée
Naguère à cette guerre où les baisers se turent
Mort de ne plus se voir torture
De toutes les chansons trop chèrement payée

Il n'est plus d'île heureuse au cœur des mers du Sud
Voici l'aurore atroce et l'oiseau du matin
Voici l'heure venue où nulle solitude
Nul Harrar et nulle Bermude
Ne sauront abriter l'homme ni son destin

Puisque rien ne l'abrite eh bien qu'il se consume
Sa revanche du moins est dans l'éclat du feu
Vaincu mais des vainqueurs la mer lave l'écume
    Un jour on saura que nous fûmes
Nous deux ô mon amour et que saura-t-on d'eux

Si leurs lèvres n'avaient au-dessus du grimoire
Francesca Paolo formé dans l'infini
Aux Amours Lancelot cet immortel fermoir
    Qui donc garderait la mémoire
Qu'il fut une cité du nom de Rimini

L'ombre de Bérénice est plus que Rome grande
De Vérone sanglante il reste un seul tombeau
Et de l'Alpe homicide une odeur de lavande
    Fortes comme la mort légendes
Le clair de nos baisers fera le ciel plus beau

Tant pis si le bateau des étoiles chavire
Puisqu'il porte ton nom larguez larguez les ris
On le verra briller au grand mât du navire
    Alors Hélène Laure Elvire
Sortiront t'accueillir comme un mois de Marie

Elles diront Elsa comme un mot difficile
Elsa qu'il faut apprendre à dire désormais
Elsa qui semble fait d'un battement des cils
    Elsa plus doux que n'est Avril
Elles diront Elsa que c'est un mois de Mai

Elles diront Elsa sans que ça soit étrange
Comme un tapis en Perse une soie à Lyon
Comme à Cordoue un soir qui fleure les oranges
    Comme un tilleul près d'une grange
Et la poussière d'or aux yeux des papillons

Elles diront Ces yeux sont les yeux qui lui plurent
Et moi je serai là qui nouerai ton soulier
Entre elles murmurant Elvire cette allure
    Hélène cette chevelure
Ont Laure je ne sais quel charme familier

Etaient-elles deux sœurs que je crois la connaître
Différente et semblable à l'autre bien-aimée
Or l'une a des yeux d'or et l'autre deux fenêtres
    Ouvrant sur l'être et le non-être
Le criminel azur d'un rêve de Crimée

Oui deux sœurs qu'uniront ici mes stratagèmes
Et Lili comme toi faite pour les chansons
Ecoute à tout jamais son poète que j'aime
    Mort un beau soir sur son poème
Que les enfants perdus chantent à leur façon

Mais ne reparlons plus de ce qui te chagrine
Une étoile de glace a perlé sur ta joue
Les pleurs de l'empyrée ont l'air d'aigues-marines
    Et les sanglots de ta poitrine
Tournent au fond du ciel un désespoir de roues

Vous qui nous survivez comme à l'avare l'or
Vous à qui l'homme voue un culte de dulie
Dites à mon amour qu'il ne se peut forclore
    Elvire Hélène Lili Laure
Et portez-la parée à sa périhélie

3. *La constellation*

Aucun mot n'est trop grand trop fou quand c'est pour
[elle
Je lui songe une robe en nuages filés
Et je rendrai jaloux les anges de ses ailes
De ses bijoux les hirondelles
Sur la terre les fleurs se croiront exilées

Je tresserai mes vers de verre et de verveine
Je tisserai ma rime au métier de la fée
Et trouvère du vent je verserai la vaine
Avoine verte de mes veines
Pour récolter la strophe et t'offrir ce trophée

Le poème grandit m'entraîne et tourbillonne
Ce Saint-Laurent pressent le Niagara voisin
Les cloches des noyés dans ses eaux carillonnent
Comme un petit d'une lionne
Il m'arrache à la terre aux patients raisins

Voici le ciel pays de la louange énorme
C'est de tes belles mains que neige la clarté
Etoile mon étoile aux doigts de chloroforme
    Comment veux-tu que je m'endorme
Tout me ramène à toi qui m'en semble écarter

Et parlant de tes mains comment se peut-il faire
Que je n'en ai rien dit moi qui les aime tant
Tes mains que tant de fois les miennes réchauffèrent
    Du froid qu'il fait dans notre enfer
Primevères du cœur promesses du printemps

Tes merveilleuses mains à qui d'autres rêvèrent
Téméraires blancheurs oiseaux de paradis
Et que jalousement mes longs baisers révèrent
    Automne été printemps hiver
Tes mains que j'aime tant que je n'en ai rien dit

Le secret de ces mains au-delà de notre âge
Mènera les amants qui parleront de nous
Mais qu'est un beau soleil à qui n'a vu l'orage
    Sans le désert qu'est le mirage
On sait un pays grand lorsqu'il est à genoux

Aux misères sans nom de ce temps misanthrope
Je lierai notre amour afin que nos neveux
Tournant vers sa lueur leurs yeux héliotropes
Comprennent la nuit de l'Europe
Au brasero flambant qu'y forment tes cheveux

Dans le ciel désastreux d'un jeune Herculanum
Brûlante toison d'or comme un champ de colza
Le premier je décris et le premier je nomme
Hier inconnue aux astronomes
Ta constellation Chevelure d'Elsa

Tu déconcerteras sur la carte stellaire
Les tireurs d'horoscope et leurs calculs peureux
Lèche-ciels empressés prophétisant pour plaire
Prêts à donner la couronne vallaire
Au premier chien courant s'il est soldat heureux

Aéroport d'espoir tes phares font surgir
Un destin raturé dans ses douze maisons
Et l'on voit s'élever comme un bel autogyre
Le nouvel an de notre Hégire
Dans les mèches de feu que tu fais aux prisons

4. *Ce que dit Elsa*

Tu me dis que ces vers sont obscurs et peut-être
Qu'ils le sont moins pourtant que je ne l'ai voulu
Sur le bonheur volé fermons notre fenêtre
De peur que le jour n'y pénètre
Et ne voile à jamais la photo qui t'a plu

Tu me dis Notre amour s'il inaugure un monde
C'est un monde où l'on aime à parler simplement
Laisse là Lancelot Laisse la Table Ronde
Yseut Viviane Esclarmonde
Qui pour miroir avaient un glaive déformant

Lis l'amour dans mes yeux et non pas dans les [nombres
Ne grise pas ton cœur de leurs philtres anciens
Les ruines à midi ne sont que des décombres
C'est l'heure où nous avons deux ombres
Pour mieux embarrasser l'art des sciomanciens

La nuit plus que le jour aurait-elle des charmes
Honte à ceux qu'un ciel pur ne fait pas soupirer
Honte à ceux qu'un enfant tout à coup ne désarme
    Honte à ceux qui n'ont pas de larmes
Pour un chant dans la rue une fleur dans les prés

Tu me dis Laisse un peu l'orchestre des tonnerres
Car par le temps qu'il fait il est de pauvres gens
Qui ne pouvant chercher dans les dictionnaires
    Aimeraient des mots ordinaires
Qu'ils se puissent tout bas répéter en songeant

Si tu veux que je t'aime apporte-moi l'eau pure
A laquelle s'en vont leurs désirs s'étancher
Que ton poème soit le sang de ta coupure
    Comme un couvreur sur la toiture
Chante pour les oiseaux qui n'ont où se nicher

Que ton poème soit l'espoir qui dit A suivre
Au bas du feuilleton sinistre de nos pas
Que triomphe la voix humaine sur les cuivres
    Et donne une raison de vivre
A ceux que tout semblait inviter au trépas

Que ton poème soit dans les lieux sans amour
Où l'on trime où l'on saigne où l'on crève de froid
Comme un air murmuré qui rend les pieds moins [lourds
 Un café noir au point du jour
Un ami rencontré sur le chemin de croix

Pour qui chanter vraiment en vaudrait-il la peine
Si ce n'est pas pour ceux dont tu rêves souvent
Et dont le souvenir est comme un bruit de chaînes
 La nuit s'éveillant dans tes veines
Et qui parle à ton cœur comme au voilier le vent

Tu me dis Si tu veux que je t'aime et je t'aime
Il faut que ce portrait que de moi tu peindras
Ait comme un ver vivant au fond du chrysanthème
 Un thème caché dans son thème
Et marie à l'amour le soleil qui viendra

5. *Le regard de Rancé*

Comme autour de la lampe un concert de moustiques
Vers le plafond spirale et la flamme convoie
Du fin fond du malheur où reprend ce cantique
Dans un fandango fantastique
Un chœur dansant s'élève et répond à ta voix

Ce sont tous les amants qui crurent l'existence
Pareille au seul amour qu'ils avaient ressenti
Jusqu'au temps qu'un poignard l'exil ou la potence
Comme un dernier vers à la stance
Vienne à leur cœur dément apporter démenti

Si toute passion puise dans sa défaite
Sa grandeur sa légende et l'immortalité
Le jour de son martyre est celui de sa fête
Et la courbe en sera parfaite
A la façon d'un sein qui n'a point allaité

Toujours les mêmes mots à la fin des romances
Comme les mêmes mots les avaient commencées
Le même cerne aux yeux dit une peine immense
    Comme il avait dit la démence
Et l'éternelle histoire est celle de Rancé

Saoulé par le grand air il quitte ses domaines
Ayant fait bonne chasse et plus heureux qu'un roi
Son cheval et l'amour comme un fou le ramènent
    Après une longue semaine
A la rue des Fossés Saint-Germain l'Auxerrois

Il voit déjà les longs cheveux et les yeux tendres
De Madame la Duchesse de Montbazon
Il la voit il l'entend ou du moins croit l'entendre
    Qui se plaint de toujours attendre
Et lui tend ses bras nus plus beaux que de raison

L'escalier dérobé la porte et c'est l'alcôve
Les rideaux mal tirés par des doigts négligents
Il reconnaît ces yeux que souffrir a fait mauves
    Cette bouche et ces boucles fauves
Cette tête coupée au bord d'un plat d'argent

Aveugles chirurgiens qui déchirent les roses
Les embaumeurs entre eux parlaient d'anatomie
Autour du lit profond où le beau corps repose
    Qui trouve son apothéose
Comme le pain rompu la blancheur de sa mie

Au cloître que Rancé maintenant disparaisse
Il n'a de prix pour nous que dans ce seul moment
Et dans ce seul regard qu'il jette à sa maîtresse
    Qui contient toutes les détresses
Le feu du ciel volé brûle éternellement

Ce moment de Rancé sur le seuil de la chambre
Qui ne l'a fût-ce un soir vaguement éprouvé
Et senti le frisson glacé comme un décembre
    Envahir son cœur et ses membres
A-t-il aimé vraiment a-t-il vraiment rêvé

Un soir j'ai cru te perdre et chez nous dans les glaces
Je lisais les reflets des bonheurs disparus
Ici tu t'asseyais c'était ici ta place
    De vivre étais-tu donc si lasse
On entendait siffler un passant dans la rue

Un soir j'ai cru te perdre et de ce soir je garde
Le pathétique espoir d'un miracle incessant
Mais la peur est entrée en moi comme une écharde
    Il me semble que je retarde
A tenir ton poignet la fuite de ton sang

Un soir j'ai cru te perdre Elsa mon immortelle
Ce soir mortel pour moi jamais n'a pris de fin
Nuit d'un Vendredi-Saint que tes grands yeux constel-
[lent
    La mort comme la vie a-t-elle
La saveur de l'ivresse ô mon verre de vin

Cauchemar renaissant souvenir tyrannique
Il éveille en mon cœur des accords souterrains
Il déchaîne à l'écho tout un jeu d'harmoniques
    D'autres soirs et d'autres paniques
Les couplets interdits dont il est le refrain

Le beau corps déchiré gisait dans sa demeure
On entendait pleurer tout bas dans les fossés
On entendait parler tout haut les embaumeurs
    Mon pays faut-il que tu meures
Et tout un peuple avait le regard de Rancé

Tu vivras Nous voici de retour de la chasse
C'est assez de sanglots emplir notre logis
Ils ont voulu pourtant que nos mains te touchassent
    O Sainte déjà dans ta châsse
Ecartez-vous de moi Démons Analogies

Le deuil que dans mon sein comme un renard je cache
Dites si vous voulez qu'il n'est pas de saison
Le sens de ma chanson qu'importe qu'on le sache
    Puisque règne aujourd'hui la hache
Que venez-vous parler au nom de la raison

6. *Elsa-Valse*

Où t'en vas-tu pensée où t'en vas-tu rebelle
Le Sphinx reste à genoux dans les sables brûlants
La Victoire immobile en est-elle moins belle
      Dans la pierre qui l'encorbelle
Faute de s'envoler de l'antique chaland

Quelle valse inconnue entraînante et magique
M'emporte malgré moi comme une folle idée
Je sens fuir sous mes pieds cette époque tragique
      Elsa quelle est cette musique
Ce n'est plus moi qui parle et mes pas sont guidés

Cette valse   est un vin   qui ressemble   au Saumur
Cette valse   est le vin   que j'ai bu   dans tes bras
Tes cheveux   en sont l'or   et mes vers   s'en émurent
      Valsons-la   comme on saute un mur
Ton nom s'y murmure   Elsa valse   et valsera

La jeunesse y pétille où nos jours étant courts
A Montmartre on allait oublier qu'on pleura
Notre nuit a perdu ce secret du faux-jour
Mais a-t-elle oublié l'amour
L'amour est si lourd Elsa valse et valsera

Puis la vie a tourné sur ses talons de songes
Que d'amis j'ai perdus L'un tirait les tarots
L'autre en dormant parlait de l'amour des éponges
Drôles de gens que l'ombre ronge
Fanfarons de l'erreur qui jouaient aux héros

Souviens-toi des chansons que chantait pour nous plaire
La négresse au teint clair ce minuit qu'on poudra
Avant l'aube en rentrant on prenait un peu l'air
Que de nuits ainsi s'envolèrent
O temps sans colère Elsa valse et valsera

Achetée à crédit la machine à écrire
Nous mettait tous les mois dans un bel embarras
On n'avait pas le sou Qu'il est cher de chérir
Mes soucis étaient tes sourires
Car je pouvais dire Elsa valse et valsera

Puis la vie a tourné sur ses talons de verre
Le tzigane du sort changea de violon
Nous avons voyagé par un monde sévère
Qui roulait la tête à l'envers
Des sanglots étouffés mêlés à ses flonflons

Tu faisais des bijoux pour la ville et le soir
Tout tournait en colliers dans tes mains d'Opéra
Des morceaux de chiffons des morceaux de miroir
Des colliers beaux comme la gloire
Beaux à n'y pas croire Elsa valse et valsera
J'allais vendre aux marchands de New York et d'ailleurs
De Berlin de Rio de Milan d'Ankara
Ces joyaux faits de rien sous tes doigts orpailleurs
Ces cailloux qui semblaient des fleurs
Portant tes couleurs Elsa valse et valsera

Puis la vie a tourné sur ses talons de rage
Des éclairs traversaient les tubes de néon
On entendait hennir des chevaux de nuages
Traînant des voitures d'orage
Le jazz contre un tambour troqua l'accordéon

Ce qui suit pourrait mal se danser quand César
A pour vous dévorer les chacals qu'il voudra
Mais quel air tourbillonne au tombeau de Lazare
Entends-tu son rythme bizarre
Au bal des hasards Elsa valse et valsera

Nous avons traversé le cyclone et le sort
L'enfer est sur la terre et le ciel y cherra
Mais voici qu'à l'horreur il succède une aurore
Et que cède à l'amour la mort
Elsa valse encore Elsa valse et valsera

Et la vie a tourné sur ses talons de paille
Avez-vous vu ses yeux Ce sont des yeux d'enfant
La terre accouchera d'un soleil sans batailles
Il faut que la guerre s'en aille
Mais seulement que l'homme en sorte triomphant

Mon amour n'a qu'un nom c'est la jeune espérance
J'en retrouve toujours la neuve symphonie
Et vous qui l'entendez du fond de la souffrance
Levez les yeux beaux fils de France
Mon amour n'a qu'un nom Mon cantique est fini

APPENDICE

I
LA LECON DE RIBÉRAC OU L'EUROPE FRANÇAISE [1]

Dans son *Racine et Shakespeare* de 1823, Stendhal écrivait : « *M. l'abbé Delille fut éminemment romantique pour le siècle de Louis XV. C'était bien là la poésie faite pour le peuple qui, à Fontenoy, disait chapeau bas, à la colonne anglaise : « Messieurs, tirez les premiers. » Cela est fort noble assurément, mais comment de telles gens ont-ils l'effronterie de dire qu'ils admirent Homère ? Les anciens auraient bien ri de notre honneur. Et l'on veut que cette poésie plaise à un Français qui fut de la retraite de Moscou !* »

Cette image devait lui tenir à cœur, car il la reprenait dans le *Racine et Shakespeare* de 1825 :

« *A mes yeux, ce style arrangé, compassé, plein de chutes piquantes, précieux, s'il faut dire toute ma pensée, convenait merveilleusement aux Français de* 1785 ; *M. Delille fut le héros de ce style ; j'ai tâché que le mien convînt aux enfants de la Révolution, aux gens qui cherchent la pensée plus que la beauté des mots ; aux gens qui, au lieu de lire Quinte-Curce et*

1. Article paru dans *Fontaine,* n° 14, juin 1941.

d'étudier Tacite, ont fait la campagne de Moscou et vu de près les étranges transactions de 1814... »

Ces phrases me tombèrent sous les yeux à la fin de juin 1940, et il était bien difficile alors de ne pas les traduire dans le langage de l'actualité. Non que je fusse prêt à épouser ces vues stendhaliennes, ni très sûr que la pensée soit incompatible avec la beauté des mots, mais il y a un démon de l'analogie qui est bien fort, et surtout quand il s'en prend à des hommes qui sortent de l'enfer : et nous venions de rouler, à peine sortis des flammes de Flandres, à peine échappés à Dunkerque, de la Basse-Seine à la Dronne, et moins épuisés d'avoir retardé presque seuls la puissante poussée d'un ennemi démesuré que du formidable débat en chacun de nous suscité par des événements extraordinaires, du drame de la Patrie percée et de tant de témoins de la grandeur française abandonnés derrière nous.

Au vrai ce qui comptait dans ces mots de Stendhal, ce n'était guère ce que cela m'inclinait à penser, par exemple, de la poésie de M. Paul Valéry, dont l'idée me vint qu'on pouvait substituer son nom à celui de Delille : mais bien que pour Stendhal les hommes qui ont vu certaines choses rompent nécessairement avec ceux qui ont si bien vécu sans les voir, et qu'ils ne peuvent se contenter d'un art qui ne tiendrait pas compte de ces choses-là. Ma foi, ces six semaines valaient la retraite de Moscou, et j'en écoutais en moi les premiers retentissements dans cette petite ville de

Dordogne où nous cantonnions dans la première stupeur de l'armistice. Le hasard nous avait conduits à Ribérac, où j'oubliai très vite Stendhal pour me souvenir qu'ici-même était né un poète qui est loin d'avoir dans notre pays la gloire de Paul Valéry, voire de Delille. Ignoré du grand nombre et même des *happy few,* il a été généralement exécuté d'un mot au passage par les plus remarquables érudits des soixante dernières années, de Gaston Paris à Henri Longnon, bien que Pétrarque l'appelât « *grand maître d'amour* », et que Dante...

Mais il arrivait que nous déplongions de l'enfer, ce 25 juin 1940, comme à l'aube pascale de l'an 1300, Dante et Virgile, et que c'était de Ribérac que nous pouvions à leur semblance dire :

Et là fut notre issue pour revoir les étoiles.

Or, Dante dans son *Purgatoire,* a parlé de cet Arnaud Daniel qui fut gentilhomme de Ribérac, et qu'on a si bien oublié. C'est où il rencontre Guido di Guinizello de' Principi, poète de Bologne en qui il salue son maître dans l'art du « doux style nouveau », car, dit-il, si ses regards et sa voix lui montrent tant d'amitié, c'est pour :

...vos vers si doux.

Car, tant que durera notre parler moderne
Ils me feront chérir jusqu'à leur encre même.

Mais Guido lui montre une autre ombre dans le Purgatoire qui :

... Fut meilleur ouvrier du parler maternel :

En vers d'amour, en prose de romans,
Il surpassa tout autre. Et laisse dire aux sots
Qui croient plus grand l'homme du Limousin[1]

Dante s'approche de l'ombre et lui demande son nom :

Lors il se prit aimablement à dire :
« Tant m'abellis vostre cortes deman
Qu'ieu no me puesc ni voill a vos cobrire :

Ieu sui Arnaut, que plor e vau cantan;
Consiros vei la passada folor,
E vei jausen la joi qu'esper, denan.

Ara vos prec, per aquella valor
Que vos guida al som de l'escalina :
Sovenha vos a temps de ma dolor! »

1. Guiraud de Borneil. Les citations de Dante sont données dans le texte traduit par Henri Longnon.

C'est-à-dire : « *Tant m'enchante votre courtoise question — Que je ne peux ni veux de vous me dérober : — Je suis Arnaud, qui pleure et va chantant ; — Comme je vois ma démence passée, — Je vois la joie que j'espère à venir.— Or je vous prie, au nom de ce pouvoir — Qui vous guide au sommet de cet escalier : — Souvenez-vous à temps de ma douleur !* »

C'est un honneur étrange et sans second rendu ici par Dante à Arnaud Daniel, que de se départir pour huit vers de la langue italienne, et de pieusement rendre au poète de Ribérac son parler provençal. Il faut y voir que, par la filiation de Gui Guinizel *(Mon père à moi et de meilleurs que moi — Qui chantèrent d'Amour douces rimes légères)*, Arnaud Daniel est désigné par Dante comme l'initiateur du « doux style nouveau », le maître premier de l'art dantesque. C'est bien de quoi convenait singulièrement Gaston Paris, écrivant :

« *Le genre d'Arnaud Daniel qui nous paraît rebutant et puéril avait certains mérites dont le plus grand était, en donnant à chaque mot une importance exagérée, de préparer la création du style expressif, concis, propre et personnel qui devait se produire avec un incomparable éclat dans la Divine Comédie.* »

L'important pour moi, fin juin 40, n'était pas que ce fantôme de Ribérac eût été à tort ou à raison maltraité par Gaston Paris. Mais que Dante et Pétrarque en lui reconnussent leur maître. Et aussi cette étrange leçon : que la langue de la *Divine Comédie,* généralement opposée à l'artificiel, au pédantesque langage de ses contemporains, que cette langue italienne, substituée au latin, cette langue compréhensible pour tous, fût née précisément du grand souci des mots qu'apportait à chanter, à « trouver », comme on dit, maître Arnaud Daniel, qui pratiquait *l'art fermé.* Il fut l'inventeur de cette *sextine,* couplet de six vers pliés à des exigences sans précédent dans la disposition des rimes, que Pétrarque et Dante lui empruntèrent. Et Dante se scandalise de ceux qui lui préféraient Guiraud de Borneil, plus facile à comprendre :

Plus qu'à la vérité ils bayent à la vogue
Et là-dessus fondent leur sentiment
Avant que d'écouter ni l'art ni la raison

(Tout récemment, j'y repensais, voyant, dans le *Figaro,* Gabriel Audisio demander : « *La Poésie pour tous est-elle une utopie ?* » et citer Dante [1] à l'appui de sa thèse

1. Le passage est à citer : « Et j'en viens à Dante que l'on est en passe de redécouvrir. A merveille, si l'on écoute toute sa leçon. Chacun sait que Dante n'est pas un poète « facile ». Il faut souvent le lire au-delà de la lettre, savoir trouver son sens ésotérique. Nous n'ignorons pas non plus qu'il a subi l'influence de l'eschatologie musulmane et des mystiques de l'Islam. Oui... mais les cochers et les faquins d'Italie récitent parfois des vers de Dante. Pourquoi ? Parce que Dante, premier des poètes qui ont une audience universelle, a *délibérément* rompu avec la langue des initiés de son temps, le latin, pour s'exprimer dans ce qu'il appelait lui-même l'italien vulgaire, la langue de tous les gens de son pays, boulangers, pêcheurs, marins et

qui suppose le problème résolu par la négative. Audisio se prononce contre la « poésie recluse », et je ne me propose guère de m'opposer à lui. Mais que le problème de l'art fermé est plus complexe ! Ne faudrait-il pas, avant de l'aborder, chercher son origine non dans la fantaisie du poète, mais dans les circonstances de sa vie, le monde où il vivait, l'air qu'il respirait, la société même à laquelle le confinait l'histoire ? Et puisqu'il est du jargon courant de parler en ces matières de responsabilité, ne voit-on pas que l'hermétisme de la poésie contemporaine on n'en fera pas bon marché par une simple sommation aux poètes d'avoir à se plus clairement expliquer, mais que si c'est la société qui est responsable du développement de la poésie, il faut changer la société pour changer les poètes, et non s'en prendre aux poètes dans le naïf désir d'améliorer la société.)

J'en reviens à Ribérac. Il y régnait un grand désarroi d'hommes de toute sorte : des familles débarquées dans des voitures antiques, on ne sait où racolées, avec leurs matelas sur la tête, et qui y campaient, quand ce n'était pas dans les granges avec les bêtes, les vestiges de notre division qui n'étaient

---

bergers. Je ne sais pas si Dante avait médité sur « l'utopie de la poésie pour tous », mais il est bien évident qu'il n'avait pas la haine du *profanum vulgus* au point de craindre que ses lecteurs risquassent d'être dix millions plutôt que dix sizaines. Libre aux zélateurs de la poésie sans public d'accuser Dante d'avoir prostitué la poésie en faisant corps avec le troupeau ! »

que vingt pour cent des hommes entrés en Belgique, de petites unités mystérieusement égarées, des groupes d'ouvriers en bleus, « repliés » là sur des ordres inexplicables, des gendarmes venus de la Loire dans un grand car bondé, les autos avec PRESSE à leur pare-brise, qui charriaient les débris des Messageries Hachette. Là-dessus, la chaleur, les arbres verts, les soldats qui se baignaient dans la Dronne, des gens hors d'eux, des enfants dépaysés, des femmes en robes claires. Non, ce qui me retenait dans l'image d'Arnaud Daniel, ce n'était pas seulement l'art fermé, cette incroyable invention de règles nouvelles, de disciplines que le poète s'impose et fait varier à chaque poème, ce dessin des rimes qui ne sont pas là tant pour sonner d'un vers sur l'autre, car elles se répondent après six ou huit vers, d'une strophe sur l'autre, mais à raison de trois par vers parfois, deux rimes intérieures pour une rime terminale, ou suivant une variation dans leur succession qui épuise toutes les dispositions possibles d'une strophe sur l'autre, non : ce qui faisait que je ne pouvais me détacher l'esprit de Maître Arnaud, c'était que, dans un temps où mon pays était divisé, et par la langue, et dans sa terre, où il y avait un roi de Paris, et un roi d'Angleterre qui tenait la moitié de la France, et dans le Nord un comte de Flandre, dans l'Est un comte de Champagne, dans un temps où mon pays était encore épuisé par les folles saignées des Croisades, qui seules remettaient d'accord ces princes ennemis contre les ennemis de l'Est lointain, il se soit développé une poésie qui porta plus loin et plus haut que les étendards de ces princes la grandeur française, et fit naître dans l'Italie de Virgile et d'Ovide une gloire, une grandeur nouvelles, qui se réclament de la France. J'étais saisi de cette idée, quand tout paraissait perdu, elle venait me rendre le courage et la confiance en nos destinées, et c'est de quoi je resterai à jamais reconnaissant à Maître Arnaud Daniel.

Pour lui, mon esprit s'était vu tout occupé de cette période extraordinaire qui couvre la fin du règne de Louis VII et la première part du règne de Philippe-Auguste, et qu'on a pu appeler l'*âge d'or de la littérature française médiévale.* Alors toutes les valeurs qui domineront, créeront l'expression occidentale, jusqu'à l'époque moderne, surgissent en France, dans ce creuset merveilleux où tant de fois les invasions vinrent mêler leurs laves. Et quand je dis toutes les valeurs, c'est que la filiation de Pétrarque et de Dante à Arnaud Daniel n'est qu'un exemple particulier, malgré la grandeur des poètes italiens, une infime part de ce qui naît de la France à la fin du douzième siècle, dans un moment où elle est si déchirée, que je ne puis l'expliquer que par l'époque présente.

C'est de ce temps que les écrivains osent utiliser les deux langues du Nord et du Midi, les langues vulgaires, la provençale et la française, au lieu du latin : à ce point enfin détachées du latin, ces « vulgaires » dictent selon leur génie propre des œuvres qui n'ont plus rien, même à les imiter, des œuvres qui firent Rome si grande. La société féodale les a modelées, ces langues, et elles la traduisent, et l'on voit apparaître la poésie telle que nous l'entendons aujourd'hui encore : c'est à la fois la poésie épique des chansons de geste, la poésie lyrique et, invention prodigieuse, le roman. Le même demi-siècle engendre le vers français, l'assonance, la rime, les mètres qui pour huit siècles régiront nos rêves, l'octosyllabe, l'alexandrin, le décasyllabe (dont on a dit qu'il était le plus essentiellement français de tous). En un mot il crée la langue et la forme françaises, invente les genres poétiques, en complique les lois et les modes, fait apparaître la distinction des rimes féminines et masculines, imagine les strophes, tous les raffinements de la poétique, si bien que les poètes du dix-neuvième siècle cherchant du nouveau ne feront, de Hugo à Verlaine, que réinventer les trouvailles du douzième : ils auront beau appeler d'un nom embourgeoisé, rimes riches, les rimes « chères » des trouvères, ils ne dépasseront jamais, même dans les jours mallarméens, ni dans l'orchestration poétique d'un René Ghil, les jeux anciens de l'art fermé, ils n'atteindront que rarement ces rimes de trois et quatre syllabes que Chrétien de Troyes appelait superbement rimes « léonines ».

Et ceci pour la forme.

Car la seconde moitié du douzième siècle français est grande pour autre chose, et pour autre chose nous est à cette heure terrible le réconfort, le viatique nécessaire et grisant.

C'est qu'alors, de France, naquirent aussi les grands thèmes poétiques qui n'ont pas cessé de faire battre nos cœurs, mille et mille fois repris, variés à l'infini, rebrassés par l'histoire, et non seulement les thèmes poétiques eux-mêmes, mais leurs incarnations les plus hautes, les types humains qu'ils animent et qui les animent, les personnages nés en France, qui devinrent les héros de l'Europe entière, de l'Italie, de l'Angleterre, de l'Allemagne, de la Scandinavie, de l'Espagne et du Portugal. C'est qu'alors, dans la seconde moitié du douzième siècle, la France connut cette gloire, cet orgueil immense d'envahir *poétiquement* l'Europe, c'est alors qu'elle fut pour la première fois la France européenne, comme elle devait le redevenir au dix-huitième et au dix-neuvième siècle par l'expansion de la philosophie des lumières. Quelle singulière aventure ! Et le plus singulier n'est-il pas dans l'ignorance où se tiennent les Français, dans leur grande majorité, de cette période triomphale de leur pays ? Qui plus est, il règne à ce sujet un préjugé défavorable, et qui fait que nombre de Français se sentent très peu fiers de ce que leur pays ait engendré, et répandu par le monde une civilisation véritable, qui a des traits si caractéristiquement français, et qui pour ainsi dire embrasse et rassemble les notions, les mythes, les légendes de cette grande époque dans une sorte de morale qui ne pouvait naître que chez nous, mais qui a subjugué nos voisins, et qui est la *morale courtoise.*

Voilà le grand mot lâché. Mais avant d'en venir à ce qui sur ce point me sépare de quelques-uns, je voudrais dire qu'il me paraît impossible, quelle que soit la priorité des poètes et des penseurs du Midi en cette matière, de les opposer à leurs imitateurs ou mieux à leurs continuateurs du Nord, comme on tend à le faire. Une revue n'annonçait-elle pas récemment un numéro qu'on attend avec beaucoup d'intérêt, dont le sommaire semble vouloir donner le monopole au génie d'oc d'un esprit qui naquit, certes en Provence, mais ne grandit qu'autant qu'il devint celui de la France entière ? L'heure me paraît mal choisie pour une dissociation qui confirme une frontière intérieure, tout artificielle. C'est au douzième siècle que dans la poésie apparaît pour la première fois le sens français, le patriotisme des mots, qui parle de notre pays avec toutes les câlineries de l'amour. C'est dans ce siècle aussi que les inventions méridionales prirent leur grandeur en se transformant dans le Nord, en Champagne ou en Flandre, si bien que, née de Provence, la poésie française, au contact des imaginations celtiques, donna en Chrétien de Troyes la plus haute figure de l'art de « trouver », le poète parfait, qui réunit la grandeur du romancier à la force du chanteur. Mais avant d'en venir à lui, j'en reviens à la morale courtoise.

Née dans le règne de la violence, et en quelques années portée à une floraison sans égale, cette morale qui vient indiscutablement de Provence, grandit, on le sait, dans les cours désertées par les Croisés, autour d'Eléonore d'Aquitaine et de ses filles, Marie de Champagne et Alix de Blois. Elle est une réaction prodigieuse à la barbarie féodale, elle porte ce trait qui lui vaut tant de brocards d'avoir donné aux femmes leur revanche sur la morale de leurs seigneurs, qui s'étaient fort bien arrangés du christianisme pour établir l'hégémonie maritale. Ce préjugé défavorable, dont je parlais, vient de ce que de cette morale courtoise on ne veut se souvenir que pour y railler la place donnée aux femmes, fort abusivement confondue avec la gynécocratie que redoutent les sociétés entourées de voisins qui s'exercent au maniement des armes. Je me souviens de l'avoir vu exécuter en moins de deux dans un texte, de ton définitif, signé d'un de nos meilleurs écrivains. Il semble d'ailleurs qu'Henri de Montherlant, que j'ai ici en vue, confonde la morale courtoise, cette civilisation que nous avons donnée à l'Europe avant que l'Europe eût pris conscience d'elle-même, avec ce qu'il appelle la *morale de midinette,* et sur quoi il faudrait s'entendre.

Je suis tenté, en acceptant la terminologie de Montherlant, de prendre contre lui en presque toute occasion le parti des midinettes. Il est probable que cela me mettrait moins souvent en fâcheuse posture que de faire le contraire. Mais une conception assez grossière qu'on se fait de ce qui fut appelé les « cours d'amour », me paraît seule justifier une homologation de la niaiserie sentimentale, qu'a seule en vue Montherlant, avec la conception médiévale de la chevalerie, de l'honneur, du service de l'aimée, de la soumission du chevalier à sa dame. Tout cela ne comporte en rien cet efféminement que Montherlant combat. Les chevaliers de Chrétien de Troyes, par exemple, pour soumis qu'ils veuillent être à leur dame, ne sauraient jamais hésiter à sacrifier le bonheur qu'ils trouvent auprès d'elle à ce devoir d'aventure, qui caractérise le héros médiéval, et il n'est rien qu'ils redoutent tant que d'être traités de *récréants,* c'est-à-dire de lâches, quand on peut croire qu'ils s'endorment dans ce bonheur. Je ne suis pas très sûr que Montherlant, s'en prenant à la morale courtoise, et réunissant sous les espèces de la morale de midinette bien des éléments disparates, n'ait pas en réalité visé (il en est fort capable) toute la morale chrétienne. Je me permettrai de lui signaler qu'il existe entre la morale chrétienne et la morale courtoise des divergences très singulières, où son goût du paganisme trouverait aliment.

Pour ce qui est de la midinette... Il faut dire que bien des gens reprennent cette expression qui fait fureur, morale de midinette par-ci, morale de midinette par-là. Montherlant leur a donné du sucre et ils ont sauté dessus. Ils sont ravis de pouvoir assouvir ainsi leur misogynie, leur nietzschéisme au petit pied, ou simplement leur snobisme. *Midinette* fait vraiment mal dans le tableau, qui voudrait penser comme une midinette ? Le drôle est qu'Eléonore d'Aquitaine, reine de France, soit devenue dans l'affaire la première midinette, comme Georges Clemenceau se disait le premier flic de France. Il est vrai que Montherlant n'a pas à répondre de ses épigones. Le danger de sa brillante invention est pourtant de nous faire entendre que le débat premier se place entre l'homme et la femme, comme d'autres disent entre les jeunes et les vieux, les grands et les petits, les maigres et les gros, etc. Par là, la morale de midinette comme danger me rappelle beaucoup le *péril jaune* du début du siècle.

La morale courtoise, donc, qu'il est singulier (replacée en son temps et dans le cadre de la société qui la fit naître) qu'un Français décrie en bloc pour ce qu'elle représente du prestige français, envahit l'Europe avec cette énorme littérature nouvelle de la fin du douzième siècle, la poésie, la chanson de geste et le roman français. Cette morale de l'amour est vraiment le prélude des idées qui feront plus tard de la France le flambeau du monde. On la réduit trop souvent à ses simples éléments, à son état premier, telle qu'elle naît en Provence, et on voit mal qu'avant de gagner l'Europe elle avait été reprise, refondue, amplifiée dans les sociétés féodales du Nord français. Elle porta à travers l'Europe une passion de justice, le goût de la chevalerie, de la défense des faibles, de l'exaltation des hautes pensées. Et avec elle, le renom français : « *C'est sous l'adoubement du chevalier français et le bliaut en drap d'Arras ou de Reims que ces héros et héroïnes des lettres, Arthur et Gauvain, Iseut et Guenièvre, feront la conquête du monde et la croisade des cœurs* », écrit M. Gustave Cohen, dans son livre capital sur Chrétien de Troyes. Plus que tout autre œuvre, ce sont les romans de Chrétien de Troyes, ou les imitations sans nombre qui en furent faites, qui propagèrent alors la pensée française à l'étranger. Avec eux triomphe aussi la forme nouvelle du roman, qui s'il n'est point inventé par Chrétien même, connaît par lui la gloire, et à propos duquel M. Gustave Cohen écrit : « *Jamais la France n'y a mieux attesté* (qu'au moyen âge) *l'originalité de son génie créateur et ceci est particulièrement évident dans l'invention du roman, dont le nom même est révélateur, car il signifie primitivement traduction du latin en langue vulgaire* (roman). *Or ce genre... a été tellement attribué à notre nation qu'il s'est identifié avec l'appellation de notre parler ancien, au point que l'on parle assez singulièrement de roman anglais, de roman allemand.* »

Comme Arnaud Daniel, Chrétien de Troyes ne s'est guère vu rendre justice dans son propre pays, et défendu jusque-là par les seuls auteurs allemands, il devait attendre en France que M. Gustave Cohen enfin vînt lui assigner sa place véritable dans notre littérature et l'histoire de notre esprit. Le livre de cet éminent professeur devrait être lu, non des seuls spécialistes, mais du grand public, et être commenté dans les écoles, ainsi que le devraient être les ouvrages de Gaston Paris, d'Alfred Jeanroy, de Joseph Bédier. Ce n'est pas qu'entre les poètes et le public qu'il y a divorce, comme le constate amèrement Gabriel Audisio : mais aussi entre la critique, la science, l'histoire et le public. A la connaissance de notre « *sublime moyen âge, questi tempi della virtù sconosciuta* (ce temps de l'héroïsme méconnu) », comme écrit Stendhal, les Français gagneraient une plus haute conscience d'eux-mêmes, qu'il n'est pas sûr que les humanités grecques et latines suffiront à leur donner. Et où trouveraient-ils une plus haute image qu'en Chrétien de Troyes, qu'on ne peut guère aujourd'hui connaître en France que par l'ouvrage de M. Gustave Cohen ?

La première leçon de Chrétien de Troyes, c'est bien

cette fusion du nord et du midi (l'amour provençal et la légende celtique) qui est à proprement parler l'esprit français à sa naissance. C'est la leçon de notre unité. Je comparais plus haut, et cette image est venue à plusieurs, la France à un creuset. Nulle part on ne le voit mieux qu'ici et ce n'est pas le hasard qui fait que des hommes dont les idéologies sont irréductibles l'une à l'autre se soient rencontrés pour dire qu'il n'y a pas de race française, mais qu'il y a une nation française, qui est l'harmonieuse fusion des races à cet extrême occident : que nos auteurs s'affrontent à nouveau ailleurs, mais ici un instant l'évidence française les a réunis. Sans doute qu'à l'origine, chez Chrétien de Troyes, de cet heureux concours des forces, il faut voir les mariages successifs d'Eléonore d'Aquitaine, et l'esprit de la Provence qu'elle apportait de la cour de son père à la cour de Louis VII, puis à la cour d'Henri Plantagenet. Mais Chrétien de Troyes a pu être un courtisan auprès d'Eléonore et de ses filles, ce qui fait sa grandeur, c'est la coïncidence de cette cour aux princesses et des intérêts véritables de la France, c'est par-delà les dissensions des familles princières l'unité du pays qu'elles se déchiraient.

M. Gustave Cohen a fort audacieusement comparé Chrétien de Troyes à Balzac, et dit qu'on ne pourrait pas plus comprendre le XIIe siècle français sans lui, que notre XIXe sans l'auteur de *La Rabouilleuse* et du *Père Goriot*. Il me semble qu'on pourrait aussi justement comparer Chrétien à Tolstoï, dont il a été dit par une expression d'une grande beauté qu'il avait été « le miroir de la révolution russe ». Chrétien de Troyes est le miroir de la société féodale française, de ses mœurs, de ses grandeurs et de ses faiblesses, et aussi des forces qui l'animent, de ses contradictions et des germes croissants qu'on aperçoit en elle de sociétés qui la détruiront pour se substituer à elle. Il nous mène de la chaumière au château ; avec lui nous pénétrons chez l'humble vavasseur dont la fille est vêtue d'une tunique trouée et à la cour du roi Arthur ; nous assistons à Nantes au couronnement d'Erec, qui semble être peint d'après celui de Godefrey, frère d'Henri II Plantagenet à Nantes, en 1158 *(Erec et Enide)* ; les vêtements, les étoffes, les armes de l'époque de Chrétien de Troyes, prêtés à ses héros nous sont minutieusement décrits ; nous en connaissons les modes, les divertissements ; nous apprenons par le menu les détails de la vénérie, le harnachement des chevaux ; nous visitons les boutiques et les marchés, les châteaux d'Angleterre et les villes flamandes, dont avec *Perceval* nous verrons fonctionner les communes ; enfin, avec *Yvain ou le Chevalier au Lion*, les ouvrières du textile font leur première apparition dans la poésie française, et même dans la poésie tout court, dans le tableau de Pesme Aventure, où Chrétien décrit : « ... *un tableau fait d'après le modèle vivant, semble-t-il, de ces ateliers d'Arras ou de Troyes, où de pauvres ouvrières, mal vêtues, cousaient les orfrois et tissaient les tapisseries dont devaient s'enrichir et s'orner la Chambre des Dames et les salles des chevaliers, luxe fait de misère...* ». Ce texte surprenant qui entre jusque dans les détails des salaires des femmes au château de Pesme Aventure, M. Gustave Cohen en dit encore : « *Il y a lieu de revenir un instant sur ce curieux tableau de la misère naissante du prolétariat de l'industrie de luxe, soie, tapisseries, orfrois, alors en formation dans les grandes villes de l'Artois, de Flandre et de la Champagne, et où Chrétien, malgré ses tendances aristocratiques, ne cherche pas à dissimuler sa pitié pour celles dont le travail crée de la richesse et du bien-être sans qu'elles-mêmes y prennent part. Il y a l'accent d'une grande revendication dans cette plainte émouvante où s'exhale leur misère, plainte qui devait faire penser aux auditrices et aux lectrices de Chrétien de quelle sueur était trempé l'or pourfilé de leur cotte ou de leur bliaut.* » Ailleurs le même auteur a comparé ce passage à la célèbre *Chanson de la Chemise* de Thomas Hood, qui, en 1843, marque de même façon la société manchestérienne et le développement industriel du XIXe siècle, chanson à laquelle les sociologues ont reconnu une si grande valeur symptomatique [1].

1. Comme je soulignais en Chrétien de Troyes la fusion de l'amour provençal et de la matière celtique, annonçant l'unité française, je voudrais ici marquer que dans la forme et la méthode littéraire une démarche analogue dans les romans de Chrétien se produit ; l'art méridional « idéaliste », au sens non philosophique du mot, tend à l'abstraction tandis que l'art français, l'art champenois ou flamand, relèvent d'une tradition réaliste, et chez Chrétien de Troyes ces deux tendances se surajoutent, coexistent et se corrigent. C'est là, dans l'histoire de notre littérature, un précédent de grande importance. Cette conciliation des deux tendances de l'esprit créateur, c'est à proprement parler la caractéristique des grandes œuvres françaises, de celles qui s'élèvent à la valeur universelle, et portent au-delà de nos frontières le message de notre pays.

Sur ce fond précieux comme la vérité surgissent les personnages de Chrétien de Troyes. Et de ceux-ci, il suffit de dire les noms pour que l'on saisisse quelle grandeur avec eux est née chez nous, quelle influence incomparable par eux la France exercera pendant des siècles et jusqu'à nos jours sur l'esprit et les rêves des autres peuples. C'est dans un roman de Chrétien, aujourd'hui perdu, que trente ans avant Béroul, apparaissent Tristan et Yseut. C'est dans *Erec et Enide* que pour la première fois il est question du Roi Arthur, de la Table Ronde et de tous les personnages du cycle arthurien. C'est Chrétien qui inventa Lancelot du Lac, et faut-il oublier que dans l'*Enfer*, lorsque Francesca di Rimini répond à l'interrogation de Dante, elle dit :

Certains jours, par plaisir, nous lisions dans le livre
De Lancelot comment l'Amour le prit...

....

Lorsque nous eûmes lu, du désiré sourire,
Qu'il fut baisé par un si bel amant,
Lui qui jamais de moi ne sera divisé,

Il me baisa, tout en tremblant, la bouche.
Le livre, et son auteur, fut notre Galehaut ;
Pas plus avant ce jour-là nous n'y lûmes.

Ainsi les rayons de France, de cette France dont peut-être pour la première fois l'idée se lève avec Chrétien de Troyes[1], vont éclairer le tréfonds des rêveries italiennes, allemandes, anglaises, et ils nous reviendront après de longs siècles, renvoyés par les miroirs d'Allemagne, d'Angleterre, d'Italie, de Dante à Wagner, par les Minnesingers et Shakespeare, sans parler de l'Espagne et de Cervantes[2], mais pour ajouter encore à la grandeur française, il fallait que Chrétien inventât et fît vivre la figure la plus noble, la dernière de son œuvre, Perceval le Gallois, qui revint en France sous le nom de Parsifal.

Oui, c'est de notre premier poète national, en qui s'unissaient les sentiments et les traditions des diverses parts de notre patrie, qu'est née la première image de Parsifal (et il importe peu qu'il ait trouvé, en France d'ailleurs, des éléments de sa création dans le *Joseph d'Arimathie* de Robert de Boron, ce qui est problématique). Il y a là matière à la méditation et à l'exaltation.

1. *que jamais de France ne sorte,*
La gloire qui s'y est arrêtée.

(Cligès, vers 38-39.)

2. Qu'on s'étonne de trouver ici le nom du grand détracteur des romans de chevalerie, c'est encore convenir que sans Lancelot il n'y aurait pas eu de Chevalier de la Triste-Figure. Les échanges de héros entre l'Espagne et nous attestent l'influence française sur le Romancero même à qui nous devons le *Cid*. Et l'ombre des moulins de Don Quichotte plus tard, viendra s'étendre sur *Candide* et *Jacques le Fataliste*. Ce dialogue par-dessus les Pyrénées se résout dans Hugo et notre romantisme.

Pour autant que *Perceval* est le dernier message, et le couronnement de toute l'œuvre de Chrétien de Troyes. Issu du monde courtois, mais d'un poète mûri qui a cessé d'être le courtisan qu'il était encore écrivant *Lancelot ou le chevalier à la charrette* à la cour de Marie, comtesse de Champagne, *Perceval* est la sublimation, le perfectionnement aussi de cette morale courtoise qui devait gagner l'Europe à la France. C'est là plus qu'ailleurs que nous irons chercher la leçon de Chrétien de Troyes, qui subit la mode de son temps et s'en dégagea, qui épura sa pensée d'œuvre en œuvre et atteignit à la plus haute poésie dans son dernier roman. Aux détracteurs de la civilisation courtoise, qui n'y veulent voir qu'une morale enjuponnée, on peut opposer le célèbre début de *Perceval*, où dans la forêt le Simple, fils de la veuve, rencontre pour la première fois d'autres hommes, des chevaliers armés. On sait que la mère avait voulu tenir son fils loin du métier de guerre, en le gardant dans l'ignorance même des armes et de la chevalerie. On l'imagine, elle dont le mari avait été tué à la dernière guerre, se jurant : Plus jamais ça ! et conseillant ses amis : Ne laissez pas vos enfants jouer aux soldats ! C'est de cette absurdité que nous avons connue que part l'histoire du jeune Perceval, qui deviendra le Chevalier aux Armes vermeilles. On ne peut croire vraiment que Chrétien partageât les sentiments de la veuve. Mais ennemi de la force brutale, de la violence qui opprime, il nous donne le premier dans l'histoire la leçon de Perceval, et, paraphrasant à peu près une formule moderne, je la résumerai dans ces mots : *Un homme qui ne s'exerce pas au maniement des armes est indigne de vivre,* que l'histoire a sévèrement confirmés.

Le Perceval de Chrétien est par plusieurs points différent de Parsifal de Richard Wagner (quand ce ne serait que pour ce qu'il aime embrasser les demoiselles). Il est le chevalier errant qui protège les femmes, les faibles. Il n'est pas cette dernière expression de l'individualisme où Wagner et Nietzsche se rejoignent, et qui donne à Maurice Barrès, l'homme du *Culte du Moi,* l'occasion d'une de ses plus belles rêveries *(Le regard sur la prairie* dans *Du sang, de la Volupté et de la Mort).* Perceval est le porteur de vérité, le justicier. Il est l'incarnation la plus haute du Français, tel qu'on voudrait qu'il soit, tel qu'il est quand il est digne de ce nom. Le culte de la femme [1] ici concilié avec la mission

1. Le culte de la femme... il faut s'en expliquer : la place alors faite à la femme a la valeur d'une réaction contre la barbarie régnante, le traitement inhumain de la femme, bonne à faire des enfants et rien d'autre, telle qu'on la voit encore, quelques années avant les premiers romans, dans nos chansons de geste. Si l'amour provençal traitant à sa manière abstraite de cette question renverse purement les valeurs, et donne avec quelque simplesse à la femme cette prééminence, que la vie, et l'abus de la force, donnaient à l'homme dans la société médiévale, on le voit, sous la lumière tempérée du nord, changer de caractère : et ce n'est pas un hasard qui fait si souvent reprendre à Chrétien de Troyes le problème de la récréance de l'amant heureux :

> « *Comment ? seriez vous donc de ceux* »
> *ainsi parla Messire Gauvain*
> « *qui par leurs femmes valent moins ?* »

de l'homme éclaire cette mission de justice et de vérité. Faut-il vraiment développer cette image, et tout Français conscient de l'histoire de son pays ne reconnaîtra-t-il pas ses héros préfigurés en Perceval, la France même préfigurée en Perceval ? Perceval nous fait mieux comprendre notre passé, mais aussi il est une leçon pour le présent et pour l'avenir.

On me dira qu'il y a des tâches plus pressantes que l'étude de Chrétien de Troyes et des poètes de notre

---

Et cette exclamation de Gauvain, dans *Yvain ou Le chevalier au Lion,* traduit ce qui est la morale de France, différente de la morale provençale ; la place donnée à la femme implique le devoir féminin, qui est de ne pas diminuer l'homme, et de reconnaître la nécessité de l'aventure, qui est le mouvement même de la vie pour l'homme, le sens de la vie. J'y reviens pour montrer cette dialectique de la civilisation française, mais il ne faut jamais oublier, lisant ceci, que tout ceci de nos jours a valeur de symbole et de symbole seulement. Il faudrait se garder de croire que j'y vois « des mots d'ordre », comme nous disons dans notre langage moderne, bien que le culte de la femme prenne de nos jours un sens de protestation. Et il ne m'échappe pas qu'on aurait beau jeu à m'opposer le mot de Stendhal par quoi j'ai voulu que tout ceci s'ouvrît, et à me dire que pour des hommes qui ont subi Dunkerque, et la retraite de France, c'est une chose étrange que de proposer une poésie médiévale. J'en ai pleinement conscience et ne propose pas un retour à Chrétien de Troyes, mais l'étude des premiers maîtres français. De la poésie qui vient il y aurait trop à dire : ce n'est plus le Graal que va quérir le Perceval de la deuxième moitié du vingtième siècle, ni même la Joie (bien que Patrice de la Tour du Pin ait emprunté son titre *La Quête de Joie à Erec et Enide*). Et il est probable que sa conception de la chevalerie sera aussi lointaine, je ne dis pas de celle d'Arthur ou de Gauvain, mais des « Saints-Cyriens aux gants blancs » que pouvait l'être Stendhal de l'honneur suivant les principes de Fontenoy.

douzième siècle, et j'en conviens sans peine. Les mêmes gens me le diront qui se sont peut-être alarmés de me voir plus haut faire l'éloge de Maître Arnaud Daniel et de son « clus trover », de l'art fermé. Ils n'ont point sans doute comme moi foi profonde en l'efficacité de la connaissance, mais aussi, et sans doute ai-je à les rassurer, verront-ils dans mes propos je ne sais quelle fuite vers le moyen âge, quelle diversion qui serait, je m'empresse de le dire, une véritable *récréance* aux jours que nous vivons (j'ai failli écrire : aux jours que nous mourons). Dirai-je qu'à fréquenter Cligès, Yvain, Lancelot, Perceval ou Tristan, il me semble bien moins m'écarter de mon temps (dont Stendhal s'il l'eût connu aurait peut-être dit aussi qu'il était un temps de valeur, d'héroïsme méconnu) qu'à lire les ouvrages d'André Gide, de Drieu la Rochelle ou de Jean Giono[1]. Sans doute de cet héroïsme d'aujourd'hui, de cette fidélité profonde, y a-t-il des milliers d'exemples vivants qui me dispenseraient de Perceval

1. Comparez au « vivre à plat ventre » de cet auteur, les vers de Chrétien de Troyes dans *Lancelot ou le Chevalier à la charrette* :

> *Se assez miaux morir ne vuel*
> *A enor, que a honte vivre*
> (Il vaut bien mieux mourir
> A honneur, qu'à honte vivre.)

et dans le même roman :

> *Miaux vuel morir que retorner*
> (Il vaut mieux mourir que reculer.)

ou de Tristan. Mais en peut-on aujourd'hui parler ? Assurément pas. C'est eux que je salue en Perceval, le Chevalier vermeil. Et pour ceux qui me diront : « Mais l'art fermé, voyons ! N'êtes-vous pas fou à ce point de vous dédire ? » je leur rappellerai que l'art de Maître Arnaud avait pour premier objet l'amour, et l'amour de dames inaccessibles et peu faites pour un petit gentilhomme sans fortune, ou des clercs qui s'étaient faits jongleurs. Ces dames avaient toujours un mari, et s'il n'était pas nécessairement jaloux d'elles, il l'était toujours de son honneur, et il commandait à des hommes d'armes. Le « clus trover » permettait aux poètes de chanter leurs Dames en présence même de leur Seigneur. Il n'était point si fermé qu'il le fût pour les autres poètes, et il a engendré par le monde de grands poètes où passe à jamais l'air de chez nous.

Enfin, il me semble, à cette heure de la France, essentiel de se souvenir de quelques vérités : on les trouvera, par exemple, dans le précieux ouvrage d'Alfred Jeanroy, écrit en 1889, réédité en 1925, où ce remarquable savant a démontré, par le recensement des thèmes lyriques dans la poésie en Italie, en Allemagne, au Portugal [1], que tous ces thèmes avaient existé en France dès le moyen âge, c'est-à-dire que la France est la mère de la poésie européenne, imitée de

1. ... *Il y a non seulement identité de sujet dans notre poésie lyrique et celle de l'Italie, de l'Allemagne et du Portugal, mais il y a eu imitation directe de l'une par les autres* (A. Jeanroy, *Les origines de la poésie lyrique en France au moyen âge*). Et ce qui est vrai des thèmes est vrai de la forme : la rime est française, les strophes sont françaises, le refrain est français.

nos poètes. Et à nos vassaux en poésie j'ajouterai l'Angleterre : il faut se rappeler non seulement que c'est en France que l'Angleterre a trouvé Arthur, son roi de légende, et que sa poésie est avant tout arthurienne, mais que dans *Roméo et Juliette,* ce sommet de l'art shakespearien, l'instant de l'émotion la plus haute est l'instant où Roméo à l'aube doit quitter Juliette. Or, cette aube est une « aube » française, comme on appelle les chansons de séparation qu'au douzième siècle cultivèrent nos poètes, le rossignol et l'alouette qui y chantent sont des oiseaux de France, et la plus belle scène d'amour que les hommes aient inventée, n'est que la reprise d'un thème français, cent fois chanté pendant notre douzième siècle. Puissent les poètes français d'aujourd'hui puiser en ceci l'orgueil nécessaire à notre destinée, et se préparer pour les jours où surgira le nouveau Chevalier vermeil. Alors leur langage, préparé dans les laboratoires de l'art fermé, « *en donnant à chaque mot une importance exagérée* », deviendra clair pour tout le monde et pour eux-mêmes, et ce sera la véritable *aube* française, qui ne connaît pas les frontières et se lèvera si haut qu'on la verra du bout du monde.

II
LA RIME EN 1940
(fragments) [1].

. . . .

Certains poètes au début du XXe siècle, ont reconnu avec plus ou moins de netteté cette maladie de la rime, et ont cherché à l'en guérir. Pour parler du plus grand, Guillaume Apollinaire tenta de rajeunir la rime en redéfinissant ce que classiques et romantiques appelaient rimes féminines et rimes masculines. Au lieu que la distinction entre ces deux sortes de rimes se fît par la présence ou l'absence d'un *e* muet à la fin du mot rimeur, pour Apollinaire étaient rimes féminines tous les mots qui se terminent à l'oreille sur une consonne prononcée (et c'est ainsi que les rimes honteuses que Mallarmé cachait dans le corps de ses vers — *Tristement* DORT *une manDORE* devenaient rimes

1. Cet article, paru aux Armées dans la revue *Poètes Casqués 40* (avril 1940) et repris en appendice dans le *Crève-Cœur* est nécessaire à l'entendement de la préface des *Yeux d'Elsa :* c'est pourquoi nous en reproduisons ici les passages essentiels, pour les lecteurs qui n'ont pas eu *Le Crève-Cœur* entre les mains.

riches et permises), tandis que pour lui étaient rimes masculines toutes celles qui s'achèvent par une voyelle ou une nasale. D'où la liberté que riment entre eux des mots comme *exil* et *malhabile (Larron des fruits)* et disparaît la différence byzantine qu'on entretenait entre *l'oie* et *loi.*

Mais cette médication symptomatique de la rime ne suffit pas à la guérir. Vite, on pouvait faire le tour, l'inventaire des nouveaux accouplements permis aux vers. Au fait, ce n'était rien inventer, et la poésie populaire française avait, sans en formuler les règles apollinariennes, déjà utilisé ces ressources de la rime : *Ma fille, c'est un cheval gris — S'est étranglé dans l'écurie,* dit la « Chanson du Roi Renaud ». Parfois même elle modifiait, accentuait la prononciation pour forcer la rime : *J'ai trois vaisseaux dessus la mer qui brille — L'un chargé d'or, l'autre d'argenterille.* Ou comme dans cette chanson de « Compère Guilleri », où pour rimer avec le nom du compère, tous les infinitifs de la deuxième conjugaison perdent tout simplement l'*r* terminale : et l'on dit : *mouri, couri,* pour *mourir, courir.* De même que dans le « Conscrit du Languedoc », on écrit : *Faut quitter le Languedô — Avec le sac sur le dos.* Partout la rime est la clef, la véritable gardienne de la prononciation populaire : *Mes amis que reste-t-i — A ce dauphin si genti...* dit par exemple l'air des « Cloches de Vendôme ». Et nous dirions *Vilon* comme tout le monde, si François Villon ne s'était prémuni contre notre ignorance en faisant rimer son nom avec couillon.

Dans des complaintes plus récentes comme « Le

Retour du Soldat », la musique joue même pour forcer à des prononciations fausses à la rime : *Mon brave, je le voudrais bien — Vous faire entrer dans ma demeure — Hélas, nous n'avons presque rien — Cependant vous blessez mon cœur*(e), et l'e muet s'ajoute et se prononce comme dans les chansons et les poèmes du père Ubu.

....

Nous sommes à la veille d'une période aussi riche et aussi neuve que le fut l'ère romantique, quand le vers classique, cassé, désarticulé, se plia à des règles nouvelles, le plus souvent non écrites. Cet *escalier... Dérobé,* d'Hernani, qui est resté le type même de l'innovation romantique, demeure à l'heure qu'il est encore une leçon d'intolérable lyrisme à qui n'est pas poète, et c'est à titre de simple échantillon que je préconiserai ici l'enjambement moderne, surenchère à l'enjambement romantique, où ce n'est pas le sens seul qui enjambe, mais le son, la rime, qui se décompose à cheval sur la fin du vers et le début suivant :

Ne parlez plus d'amour. J'écoute mon cœur battre
Il couvre les refrains sans fil qui l'ont grisé
Ne parlez plus d'amour. Que fait-elle là-bas
Trop proche et trop lointaine ô temps martyrisé

(si l'on me permet de me citer sans honte). Ce morcellement de la rime enjambée ouvre une des possibilités de la rime moderne, varie le sens et le jeu de la rime, le lexique des rimes, il rend impossible le déconcertant *dictionnaire* si comique et qu'on trouve encore dans les boîtes des quais. Elle augmente indéfiniment le nombre des rimes françaises puisqu'elle permet de transformer toutes, ou presque toutes, les rimes masculines apollinariennes (terminées par un son de voyelle) en rimes apollinariennes féminines par l'adjonction de la première consonne ou du premier groupe de consonnes du vers suivant. Elle fait ici le contraire de la chanson populaire, qui négligeait la consonne finale d'un mot pour le rimer avec un mot terminé par une voyelle (cf. l'exemple de « Compère Guilleri »), et il va de soi qu'elle précipite le mouvement de l'un vers l'autre pour des effets qu'utilise la voix, et que le sens supérieur du poème vient dicter. Je me citerai encore :

Parler d'amour c'est parler d'elle et parler d'elle
C'est toute la musique et ce sont les jardins
Interdits où Renaud s'est épris d'Armide et l'
Aime sans en rien dire absurde paladin

où l'écriture nous permet (au choix) d'adjoindre *l'* au troisième ou quatrième vers, et qui est aussi un exemple d'un genre de rime qui pour avoir toujours existé n'a été employé qu'avec une crainte du ridicule qui touche à la timidité. Je veux parler de la rime complexe, faite de plusieurs mots décomposant entre eux le son rimé :

> *... Un seul moment d'ivresse*
> *Un moment de folie un moment de bonheur*
> *Que savent-ils du monde et peut-être vivre est-ce*
> *Tout simplement Maman mourir de très bonne heure*

Exemple où les deux rimes sont décomposées en plusieurs mots quand elles sont reprises. Un mouvement inverse, la synthèse de la rime décomposée, se trouve dans ces trois vers :

> *Nous ne comprenons rien à ce que nos fils aiment*
> *Aux fleurs que la jeunesse ainsi qu'un défi sème*
> *Les roses de jadis vont à nos emphysèmes*

où le mot *emphysèmes* est la résolution de l'accord deux fois tenté.

L'emploi simultané de la rime enjambée et de la rime complexe permet l'emploi dans les vers français de tous les mots de la langue sans exception, même de ceux qui sont avérés sonorement impairs et que jamais personne n'a jusqu'ici mariés à d'autres mots avec l'anneau de la rime. Toutes les formes du langage aussi, dont certaines étaient laissées à l'écart par le vers classique et même dans le vers[1], où la rime légitime l'hiatus par son assimilation à la diphtongue, pour m'en tenir à cet exemple. A cet égard comme au précédent, la strophe suivante (qui donne en particulier trois rimes au mot *Ourcq*) est concluante :

Que les heures tuées
Guerre à Crouy-sur-Ourcq
Meurent mal et tu es
Mon âme et mon vautour
Camion de buées
Mélancolique amour
Qui suit l'avenue et
Capitaine au long cours
Quitte pour les nuées
Les terres remuées[2]

1. La seconde personne du singulier de tous les temps, de tous les verbes commençant par une voyelle, notamment.

2. Il y aurait sur cet exemple à faire remarquer la légitimation de l'hiatus par la rime composée, et son équivalent sonore parfait *(Et tu es — tuées)*, l'absurdité de la vieille prohibition démontrée par un exemple parallèle qu'eût autorisé la prosodie traditionnelle *(l'avenue et — nuées)*. L'hiatus est ramené à la diphtongue.

III
SUR UNE DÉFINITION DE LA POÉSIE[1]

Nos lecteurs ont lu dans le n° 3 de « Poésie 41 » le commentaire qu'André Gide a écrit d'une définition de la poésie de Théodore de Banville :

« ... cette magie qui consiste à éveiller des sensations à l'aide d'une combinaison de sons... cette sorcellerie grâce à laquelle des idées nous sont nécessairement communiquées, d'une manière certaine, par des mots qui cependant ne les expriment pas ».

Notre collaborateur Joë Bousquet, à ce sujet, nous écrit :

« Je viens de répondre très longuement à André Gide, je lui dis par quels points mon art poétique se détourne de celui de Banville. Je crois que tout poète doit insister avant tout sur le caractère purement verbal de son élocution : le mot qui, dans l'expression

1. Ce dialogue épistolaire a paru, ainsi présenté, dans le n° 4 de « Poésie 41 », mai-juin 1941.

en prose est le spectre d'une pensée, devient en vers la substance même de l'expression, où, par irisation, la pensée apparaît. Aussi le poète fait-il la nuit dans les mots, comme le vitrier, obscurcissant les verres (où le noir prendra toutes les couleurs de l'arc, en attendant l'élaboration du vitrail.)

Les mots ainsi réduits à leur être physique sont susceptibles d'*arrangements admirables*. Là est le secret de la poésie : comme la nature semant les éléments où la vie choisira sa combinaison, se faisant à la fois vraie et réelle, le langage à force de jeter les dés et, *en n'explorant que ses liens avec la vie affective,* donne à la vérité la chance la plus haute d'être conçue. Cette faculté qu'ont les mots de suggérer des idées qui n'étaient pas comprises dans leur sens, je veux bien qu'elle guide le poète (comme un changement dans la flore ou dans la transparence de l'air nous dit à quelle altitude nous nous sommes élevés), mais elle n'intervient qu'accessoirement dans l'opération magique de chercher le vrai avec les obscurités du Beau.

Je vais aller plus loin : l'incantation poétique tend d'abord à endormir le poète, à plonger sa pensée dans une espèce d'hypnose, comme s'il comptait, pour le remplacer, sur ses propres sens, quand ils auront accompli leur unité avec le langage. Je n'hésite pas à déclarer que le langage poétique n'est pas le frère de notre pensée, mais le frère de notre être : la pensée s'y reflète au lieu de s'y traduire.

Si hâtivement que je vous l'écrive, sans doute vous

aurai-je communiqué ma conviction profonde. Nous allons y arriver par un autre chemin.

Le langage est-il l'instrument de mes relations avec le monde ou le produit de ma fusion en lui. Dans le premier cas, la pensée et l'expression sont des dimensions complémentaires du temps et de l'espace. Dans le deuxième cas, si le langage est le produit de mon unité avec le monde (passion, ivresse), expression et conception ne sont qu'un, et déterminent le temps, au lieu d'être déterminées par lui (le rythme est le père du temps, non le fils du temps).

Mais si nous supposons cette unité de l'homme et du monde, il faudra admettre que l'âme n'est pas l'image des objets et de leurs rapports, mais qu'elle en est la plus haute expression. L'homme serait la vérité du monde, la voix serait la vérité du langage. L'homme, à travers les arrangements admirables que je disais, chercherait à saisir sa propre voix comme la forme la plus haute de son idée. (Il saisit son être dans son chant, impose un mètre à sa vie...)

L'homme pourrait donc dire de la poésie qu'*il vocalise en elle son essence.* Mais j'insiste surtout sur le fait que dans tout poème le mot est premier à l'idée — *qu'il est dans celui qui parle ou écrit, ce qu'il sera dans l'esprit de qui le lira ou l'entendra* : qu'ainsi, que plus que tout autre art, la poésie s'adressera à l'humanité plus qu'à l'homme.

Je n'ai pas donné ce détail à André Gide, et je le regrette. Mais j'ai choisi, pour me rendre plus clair, l'exemple du vitrail, où chaque fragment est choisi pour sa nuance d'obscurité et où l'ensemble forme un tableau de la lumière qui est dans le regard. Il me semble que les exemples se complètent, car il ne s'agit que de rendre plus familière cette expérience d'une élocution purement musculaire, avant qu'intervienne l'argument majeur, celui que la rime doit me fournir.

Comment expliquer la rime si mon point de vue n'est pas admis. Au contraire, si l'on partage mon sentiment, on nc peut que souhaiter l'obligation de rimer. A chaque vers, la rime apporte un peu de nuit sur la pensée, elle empêche la raison de tirer ses plans. Je l'appelle l'*interlocuteur nocturne*. — Joë BOUSQUET. »

★

Il nous semble intéressant de joindre à ce qui précède la lettre que, d'autre part, notre collaborateur Aragon a adressée à Joë Bousquet :

« Cher Joë Bousquet, dans le même instant Pierre Seghers me communique la lettre par laquelle vous répondez à Banville et je reçois celle où vous m'en parlez. Certes, j'interviens ici dans cette discussion sans y être appelé, mais ne trouvez-vous pas, me disiez-vous, argument dans mes derniers poèmes pour soutenir votre point de vue ? Et de plus il me semble qu'il y a seize ou dix-sept ans, j'ai bien pu penser et écrire à peu près ce que vous défendez aujourd'hui. L'idée ne me serait jamais venue de répondre à Banville, mais à vous, cher ami, c'est une autre affaire.

Ainsi, pour vous résumer, dans la poésie, le mot est premier à l'idée, et le langage poétique « frère de notre être » et non de notre pensée, traduit cet être et non pas la pensée. L'opération poétique, cette « sorcellerie » sur laquelle à partir de Banville on raisonne, consiste avant tout à jeter de la nuit sur la pensée, à empêcher « la raison de tirer ses plans », et vous en voyez l'exemple culminant dans la rime. Si bien que la rime est votre « argument majeur », elle est, pensez-vous, inexplicable si on ne partage pas votre manière de voir, obligatoire au poète s'il admet votre sentiment. Vous voyez ce qui me force à entrer dans la conversation, et que c'est que rien de ce qui touche la rime ne me laisse froid.

Aussi bien ne chercherai-je pas à bousculer le système philosophique qui vous amène à parler d'elle. C'est, à vrai dire, bien qu'à ma connaissance et dans d'autres domaines vous vous teniez pour matérialiste, un idéalisme qu'on ne saurait attaquer sans soulever toute la question de l'idéalisme (et bien sûr qu'il y a seize ou dix-sept ans quand je parlais comme vous j'étais idéaliste : je ne le suis plus, voilà tout). Mais je veux m'en tenir à la *preuve* majeure que vous entendez donner de ce système. Si elle ne vaut rien, le système non plus. C'est votre argument.

Avec autrement d'élévation dans la pensée, vous reprenez pourtant la conception de la rime qu'accuse Verlaine, et qui est celle qui l'oppose à la raison. Pour moi (et d'autres sans doute), la rime à chaque vers apporte un peu de jour, et non de nuit, sur la pensée :

elle trace des chemins entre les mots, elle lie, elle associe les mots d'une façon indestructible, fait apercevoir entre eux une nécessité qui, loin de mettre la raison en déroute, donne à l'esprit un plaisir, une satisfaction essentiellement raisonnable. Entendons-nous : je parle de la rime digne de ce nom, qui est à chaque fois résolution d'accord, découverte, et non pas de ce méprisable écho mécanique, qui n'est qu'une cheville sonore, et qui n'a pas plus droit de cité en poésie que le mirliton n'est poète, que n'est le faiseur de bouts-rimés.

Mais c'est là une simple assertion qui nous oppose à propos de la rime, sans toucher encore au système qui, selon vous, tire de l'existence même de la rime sa preuve, tout comme pour Chateaubriand l'existence de Dieu du consentement universel. Si je vous suis bien, la rime, plus encore qu'aucun autre mot, est première à la pensée, elle traduit l'être, et non la pensée, c'est-à-dire l'essence et non l'accident de l'homme, et même de l'humanité entière, plus que de l'homme, encore trop engagé dans les rapports complexes et particuliers. C'est bien ici que nous nous opposons.

S'il en était ainsi toute poésie impliquerait la rime, et il est de fait qu'il n'en est pas ainsi. Ou au moins, si elle négligeait la rime, elle en supposerait la connaissance. Or, on n'a pas toujours ni partout rimé. Comme la chaudière à vapeur et le timbre-poste, la rime est apparue à un certain moment de l'humanité, et dans un certain pays, dans un certain climat, au milieu d'institutions sociales définies. Elle nous vient du bas-peuple de Rome, elle est née d'abord parmi les esclaves, méprisée des poètes latins comme des surréalistes d'aujourd'hui [1]. Elle est venue en Gaule dans le bagage des soldats. Ce n'est que là qu'elle a acquis sa dignité, conquis ses degrés. Elle s'est développée en même temps que la langue française dont elle a suivi la fortune. C'est la poésie française qui l'a consacrée, et c'est avec la poésie française, grâce à la vogue des poètes français, qu'elle a gagné l'Allemagne, l'Angleterre et même l'Italie où Dante et Pétrarque durent aux Provençaux autant sinon plus qu'aux Latins. Les rimes françaises conquirent l'Allemagne en lui portant les histoires de Tristan et de Perceval qui devaient devenir le fond poétique de l'Allemagne même, elles donnèrent à l'Angleterre le Roi Arthur plus vrai que tous ses rois historiques. La rime ainsi part de France

1. On ne peut regarder comme un essai d'acclimater la rime à Rome, le vers de Cicéron, poète aussi médiocre que fameux orateur :

O fortunatam natam, me consule, Romam !

dont les consonances firent dire à Juvénal, méprisant :

Antoni gladios potuit contemnere, si sic.
Omnia dixisset...

(Symbole encourageant mais qui a perdu de l'actualité avec la vulgarisation de la rime.) En fait, c'est au douzième siècle, chez nous, que l'assonance, maîtresse en chansons, se transforme en rime proprement dite.

et gagne le monde, elle est, elle demeure une invention de notre pays qui féconde les poésies lointaines, avec lesquelles elle nous revient parfois aujourd'hui. Cela est si vrai que Joachim du Bellay écrivait en 1548 :

« *Quant à la rythme, je suis bien d'opinion qu'elle soit riche, pour ce qu'elle nous est ce qu'est la quantité aux Grecs et Latins. Et bien que nous n'ayons cet usage de pieds comme eux, si est-ce que nous avons un certain nombre de syllabes en un chacun genre de poème, par lesquelles, comme par chainons, le vers françois lié et enchaîné est contraint de se rendre en ceste prison de rythme, sous la garde, le plus souvent, d'une coupe féminine, facheux et rude geolier et incogneu des autres vulgaires...* »

Ainsi faut-il bien voir que si la rime traduit l'être, il faut au moins un adjectif à cet être-là, qui n'est pas l'essence flottante de l'humanité, mais déjà *un être national.* Ce caractère national de la rime, on aimerait qu'un historien s'y attachât, et l'on peut bien jurer qu'il découvrirait à la rime ou rythme au fur et à mesure de son évolution et dans notre « vulgaire », la langue française, et dans les autres qui l'ont adoptée comme pas mal de choses et d'idées qui venaient de France, d'autres caractéristiques fort peu « essentielles », qui traîneraient la rime dans la lice de la pensée claire, dans les chaînes matérielles du monde tel qu'il est, avec ses guerres, ses amours, ses cruautés, ses industries, ses sciences, le long écheveau de l'histoire. Je parie même que l'étude des rimes à travers les âges, loin de jeter la nuit sur la pensée historique, y apporterait toute sorte de clartés sur les secrets oubliés des sociétés défuntes, comme de celle dont nous sommes hôtes forcés.

Vous voyez bien, mon cher Bousquet, qu'on peut se faire de la rime et de sa nécessité une idée qui ne saurait étayer votre système. Je veux m'en tenir là de ce développement, mais, vous prenant au mot, puisque la rime est votre argument majeur, souffrez que je vous prie de continuer à rimer, et d'abandonner l'idéalisme. Cela est compatible.

Pour en revenir brièvement à Banville, il me semble qu'on veut voir dans sa définition ce qui ne s'y trouve aucunement. Cela vient de ce que les mêmes mots, quand ils sont prononcés par des hommes différents en des circonstances différentes, traduisent des choses différentes, et que la *magie* banvillesque ressemblait bien plus qu'à la poésie d'Eluard, pour fixer les idées, à ce bazar, dont par exemple Heredia accroche les tapis orientaux. On s'émerveille que Banville ne donne pour champ à la poésie que les sensations et les idées, mais non les sentiments, et on le croit pour cela en avance pour son âge. Par Dieu ! Banville n'avait en vue que la célèbre impassibilité parnassienne et il y a là bien moins Rimbaud que Leconte de Lisle. Encore faudrait-il voir le contexte avant de prêter à Banville une pensée peut-être tronquée. Pour moi, je n'aime pas qu'on écrive *Chasse interdite à la poésie* sur quoi que ce soit, et particulièrement sur les sentiments. Ou bien Racine, Valmore, Apollinaire sont-ils des poètes si arriérés qu'on leur préfère Armand Sylvestre ? Mais je n'aborderai pas ici la question de la liberté des poètes en face des définitions : il faudrait prendre garde quand on parle de liberté. — ARAGON »[1].

1. *Note de 1962.* — A relire ce qui précède il me semble aujourd'hui que mon historique de la rime est au moins incomplet : sans doute que, dans les conditions de 1941, le souci en tout domaine de la revendication nationale m'entraînait-il un peu trop loin, puisque je négligeais de tenir compte des liens de la poésie française et de la poésie arabe, au moins de celle des Mores d'Espagne. C'est une faute que je ne commettrais plus maintenant. — A.

TABLE DES MATIÈRES

Achevé d'imprimer en mai 1986
sur les presses de l'Imprimerie Brodard et Taupin
à La Flèche (Sarthe)

RELIURE DESSINÉE
PAR JEAN-MICHEL FOLON

Ce livre ne peut être vendu séparément
du fascicule Aragon de « Grands Ecrivains »

ISBN 2-85018-478-0

N° d'impression : 6015-5
Dépôt légal : juin 1984
Imprimé en France